essentials

Essentials liefern aktuelles Wissen in konzentrierter Form. Die Essenz dessen, worauf es als „State-of-the-Art" in der gegenwärtigen Fachdiskussion oder in der Praxis ankommt. *Essentials* informieren schnell, unkompliziert und verständlich

- als Einführung in ein aktuelles Thema aus Ihrem Fachgebiet
- als Einstieg in ein für Sie noch unbekanntes Themenfeld
- als Einblick, um zum Thema mitreden zu können

Die Bücher in elektronischer und gedruckter Form bringen das Fachwissen von Springerautor*innen kompakt zur Darstellung. Sie sind besonders für die Nutzung als eBook auf Tablet-PCs, eBook-Readern und Smartphones geeignet. *Essentials* sind Wissensbausteine aus den Wirtschafts-, Sozial- und Geisteswissenschaften, aus Technik und Naturwissenschaften sowie aus Medizin, Psychologie und Gesundheitsberufen. Von renommierten Autor*innen aller Springer-Verlagsmarken.

Knut Linke

Design Science Research leicht gemacht

Eine kompakte Einführung in die systematische Entwicklung und Bewertung von Artefakten für Studierende und Forschende

Knut Linke (iD)
IU International Hochschule
Hameln, Deutschland

ISSN 2197-6708 ISSN 2197-6716 (electronic)
essentials
ISBN 978-3-662-73241-0 ISBN 978-3-662-73242-7 (eBook)
https://doi.org/10.1007/978-3-662-73242-7

Die Deutsche Nationalbibliothek verzeichnet diese Publikation in der Deutschen Nationalbibliografie; detaillierte bibliografische Daten sind im Internet über https://portal.dnb.de abrufbar.

Springer Vieweg ist ein Imprint der eingetragenen Gesellschaft Springer-Verlag GmbH, DE und ist ein Teil von Springer Nature.
Die Anschrift der Gesellschaft ist: Heidelberger Platz 3, 14197 Berlin, Germany

- Grundlagen und Prinzipien des Design Science Research
- Schritt-für-Schritt-Anleitung zur Anwendung des DSRM-Modells
- Entwicklung und Evaluation von Artefakten in realen Kontexten
- Typische Herausforderungen und Lösungsansätze im DSR-Prozess

Vorwort

Seit mehr als einem Jahrzehnt begleite ich Studierende auf ihrem Weg von den ersten Projektarbeiten bis zur abgeschlossenen Bachelor- oder Masterarbeit. In dieser Zeit habe ich, insbesondere bei praxisnahen Informatik- und Wirtschaftsinformatikthemen, immer wieder eine grundlegende Herausforderung erlebt: die Verbindung zwischen einem realen Problem und einer wissenschaftlich fundierten, nachvollziehbaren Lösung.

Wie lässt sich eine innovative Software, ein neues Geschäftsmodell oder eine digitale Dienstleistung so gestalten, dass sie sowohl im Alltag Nutzen stiftet als auch nach wissenschaftlichen Maßstäben valide ist? Viele Abschlussarbeiten scheitern nicht an der Kreativität oder Motivation der Studierenden, sondern daran, dass entweder der Praxisbezug oder die wissenschaftliche Fundierung zu kurz kommt. Methoden wie das Design Thinking sind hervorragend, um kreative Ideen zu entwickeln und nutzerzentrierte Lösungen zu schaffen, aber sie bleiben jedoch im wissenschaftlichen Kontext häufig unzureichend, weil die systematische Theorie-Integration und Evaluationsschritte fehlen.

Hier bietet die Design Science Research Methode (DSR) einen vielversprechenden Ansatz. DSR schlägt eine Brücke zwischen Praxis und Wissenschaft und gibt einen klaren, dennoch flexiblen Rahmen zur Gestaltung, zum Testen und zur Bewertung von Lösungen. Wichtig ist dabei: Design Science Research verlangt nicht, immer den vollständigen Zyklus zu durchlaufen oder jede Phase dogmatisch abzuarbeiten. Vielmehr bietet die Methode Orientierung, Struktur und ein wissenschaftlich solides Fundament, auf dem kreative Lösungen entwickelt und bewertet werden können.

Dieses Buch richtet sich an alle, die den Schritt von der bloßen Praxisanwendung hin zu fundiertem Gestaltungswissen wagen wollen. Ich möchte Ihnen anhand Beispiele, konkreter Anleitungen und praxiserprobter Tipps helfen, Design Science Research für Ihre eigenen Projekte nutzbar zu machen.

Ich wünsche Ihnen eine erkenntnisreiche, motivierende und anwendungsnahe Auseinandersetzung mit Design Science Research und vielleicht finden Sie dabei sogar Freude an der Wissenschaft selbst.

Knut Linke

Interessenkonflikt Der/die Autor*in hat keine relevanten Interessenskonflikte im Zusammenhang mit dieser Publikation.

Inhaltsverzeichnis

Einleitung 1

Design Science Research (DSR) und die Design Science Research Methode (DSRM) hat sich in den letzten Jahren zu einer zentralen, wissenschaftlichen Methode in vor allem technischen Fächern entwickelt.

Insbesondere in der Informatik, Wirtschaftsinformatik und im Ingenieurwesen wird diese Methode gerne genutzt, wenn es um die praktische und wissenschaftlich gestützte Entwicklung von Lösungen geht.

Dieses Buch soll euch als Studierenden dabei helfen, DSR und die DSRM besser zu verstehen, diese Methode sicher anzuwenden und praxisnah sowie fundiert einsetzen zu können. Ziel des Buches ist es, ein umfassendes, praxisnahes und theoretisch fundiertes Verständnis der Design Science Research Methodologie zu vermitteln.

Das Buch verfolgt dafür drei zentrale Zielsetzungen:

1. **Die Einführung in die Grundlagen und Prinzipien von DSR,** wodurch die Leser ein kleines Verständnis davon gewinnen sollen, was genau Design Science Research und die Design Research Methode ist und warum sie diese Methode wann nutzen sollten.
2. **Die Vermittlung der methodischen Vorgehensweise in DSR-Projekten,** wobei praxisnah erläutert wird, wie DSR-Projekte geplant, durchgeführt und evaluiert werden können. Hierbei geht es auch darum, die typischen Zyklen der DSRM sowie auf verschiedenen Methoden zur Artefaktentwicklung und -evaluation zu diskutieren und vorzustellen.
3. **Anwendung von DSR in der Praxis** anhand konkreter Anwendungsbeispiele aus unterschiedlichen Fachbereichen. Dieses soll helfen, einen Bogen von der Theorie zur praktischen Umsetzung zu spannen.

K. Linke, *Design Science Research leicht gemacht*, essentials, https://doi.org/10.1007/978-3-662-73242-7_1

Das Buch ist wie folgt gegliedert:

Wir beginnen mit einer Einführung in die grundlegenden Konzepte der DSRM und ihrer Relevanz. In den darauffolgenden Kapiteln werden die methodologischen Grundlagen weiter vertieft. Hier werden zentrale Begriffe, Methoden und Prinzipien der Design Science Research Methodologie behandelt. Abgeschlossen wird das Buch durch einen Ausblick auf den Praxistransfer. Es werden beispielhafte Anwendungen aus unterschiedlichen Disziplinen dargestellt, um den theoretischen Inhalt des Buches greifbar zu machen.

Noch ein allgemeiner Hinweis:

Das Buch kann sowohl linear als auch kapitelweise gelesen werden, je nach Kenntnisstand und Interesse.

Was ist eigentlich Design Science Research? 2

Viele Studierende und auch Lehrende fragen sich die Frage: Warum sollte ich Design Science Research betreiben und der Design Science Research Methode folgen?

Die Lösung ist ganz einfach: Durch Design Science Research und mit der Design Science Research Methode kommt Ihr zielsicherer und methodisch valide zum Ziel und vermeidet ein nicht-wissenschaftliches Vorgehen.

Design Science Research steht für einen grundlegenden Perspektivwechsel in der Forschung: **Weg von der rein beschreibenden und erklärenden Wissenschaft hin zu einem aktiven, gestaltungsorientierten Ansatz.**

Das Ziel von DSR ist es durch gezielte Entwicklung und Evaluation von Artefakten Lösungen für reale Probleme zu schaffen und nicht bestehende Phänomene zu analysieren. Dabei verbindet DSR wissenschaftliche Strenge und Validität mit praktischer Relevanz.

Ein kurzer Blick auf die klassischen wissenschaftlichen Disziplinen verdeutlicht diesen Unterschied und wir werden erkennen, dass technische Berufe hier durchaus Probleme haben sich in einem klassischen Forschungsbereich einzuordnen:

- Die **Naturwissenschaften** beschäftigen sich mit dem Verstehen natürlicher Phänomene, wie etwa dem Verstehen und Entwickeln von Gesetzen in der Physik.
- Die **Sozialwissenschaften,** zu denen auch der Bereich der Betriebswirtschaft gehört, hingegen untersuchen das Zusammenleben und das Verhalten von Menschen und Gruppen in unterschiedlichen gesellschaftlichen Kontexten.

© Der/die Autor(en), exklusiv lizenziert an Springer-Verlag GmbH, DE, ein Teil von Springer Nature 2026
K. Linke, *Design Science Research leicht gemacht*, essentials,
https://doi.org/10.1007/978-3-662-73242-7_2

Hier sehen wir schon die elementare Herausforderung, die Forschende aus dem Bereich der Technik und der Informatik herausfordert: In beiden Fällen geht es primär darum, die Welt zu beobachten, zu analysieren und zu erklären. Es geht nicht aktiv darum die Welt zu verändern und einem System etwas hinzuzufügen.

Und gerade in unseren Fächern, wie der Informatik und den Ingenieurwissenschaften, geht es gerade darum: Wir wollen gezielt die Welt verändern, Technik besser gestalten und unsere Ergebnisse validieren.

Design Science Research Methoden verfolgen daher einen anderen Weg: Sie beginnen mit einer konkreten und praxisbezogenen Problemstellung. Praxisbezogen bedeutet in diesem Fall, dass eine Anwendungsfall in der realen Welt vorliegen kann und wir für diese ein Element verändern und verbessern wollen. Ausgehend von diesem Problem wird gezielt ein Artefakt entwickelt. Diese Lösung wird anschließend in der realen Welt erprobt, um zu verstehen, welche Wirkung sie entfaltet.

DSR ist damit ein Forschungsansatz, bei dem Gestaltung und Evaluation Hand in Hand gehen. Man lernt, indem man, wissenschaftlich abgesichert, gestaltet. Sozusagen **„learning by building"**.

Besonders geeignet ist dieser Ansatz für Forschungsfelder mit stark anwendungsorientierter Ausrichtung, wie zum Beispiel die **Wirtschaftsinformatik, angewandte Informatik,** oder den **Ingenieurwissenschaften.** Aber auch im Bereich der Betriebswirtschaft kann diese Methode Sinn ergeben, wenn es darum geht Produkte oder Ideen wissenschaftlich valide zu realisieren. In all diesen Disziplinen geht es darum, praxisrelevante Probleme zu lösen und gleichzeitig wissenschaftlich fundierte Erkenntnisse zu gewinnen.

Fassen wir kurz zusammen:

- Ein zentrales Merkmal der DSRM ist die **enge Verbindung von Theorie und Praxis**
- Die Methode lässt sich in **verschiedenen Disziplinen,** wie der Betriebswirtschaft, Informatik, oder dem Ingenieurwesen einsetzen
- Ziel ist die systematische Entwicklung eines **Artefaktes**
- **Die Ergebnisse sind wissenschaftlich fundiert, was es uns ermöglicht die Artefakte und deren Effektivität** im Anwendungskontext zu bewerten und uns so ermöglich, sowohl praktische Lösungen als auch theoretische Beiträge zu generieren.

2.1 Begriffe des Design Science Research

Viele Studierende, die sich mit Design Science Research oder anderen Forschungs-methoden beschäftigen, kennen die typischen Unsicherheiten und Stolperfallen:

- **Wie** kann ich wirklich **wissenschaftlich arbeiten?**
- **Welcher Methodeneinsatz** ist passend?
- **Was bedeuten** eigentlich die ganzen **Fachbegriffe und Standards,** mit denen ich konfrontiert werde?

Dieses sind die Fragen, die gerade im Rahmen von Abschlussarbeiten immer wieder auftreten und insbesondere, wenn es um Design Science Research und deren Methoden geht.

Diese Fragen sind keinesfalls ein Zeichen von Unwissen, sondern typisch für eine noch junge und dynamische Disziplin wie die gestaltungsorientierte Forschung mit DSR. Umso wichtiger ist es, gerade als Einsteiger Klarheit zu haben!

Begriffe müssen sauber erklärt, zentrale Konzepte einheitlich verwendet und der rote Faden durch die Methodik klar nachvollziehbar gemacht werden.

In diesem Kapitel wird etwas Licht in das Dunkel der wichtigsten Grundlagen-begriffe gebracht. Es wird die Frage geklärt, welche zentralen Begriffe immer wieder im DSR-Kontext auftauchen und wie diese Begriffe verstanden werden sollten. Ein besonderes Augenmerk richten wir dabei auf den Begriff des Artefakts, der für den gestaltungsorientierten Ansatz das Herzstück bildet.

2.1.1 Die Grundlagenbegriffe des DRS

Jede wissenschaftliche Disziplin braucht klare Begriffe und ein gemeinsames Ver-ständnis ihrer zentralen Konzepte. Das gilt besonders für die Design Science Re-search, die einen gestaltungsorientierten Forschungsansatz verfolgt, bei dem Inno-vation und Wissenschaftlichkeit Hand in Hand gehen. Drei Begriffe sind dabei grundlegend und bilden das Fundament für alles weitere: Design, Design Research und Design Science Research.

Design steht im Kern für das kreative Schaffen, also das aktive Entwerfen und Umsetzen von Lösungen. Es geht darum, gezielt neue Artefakte zu gestalten, sei es als Produkt, Prozess, Modell oder Methode. Die Gestaltung ist dabei stets an-wendungsnah und lösungsorientiert. **Design Research** geht noch einen Schritt weiter. Hier wird das Gestalten selbst zum Gegenstand wissenschaftlicher Reflexion, um die Prinzipien und Prozesse von Gestaltung systematisch zu verstehen und zu verbessern. Im Mittelpunkt steht somit nicht nur das einzelne Ergebnis, sondern auch das Wissen über den Gestaltungsprozess, dass die Basis für wiederholbare und übertragbare Innovationen bildet. **Design Science Research** schließlich beschreibt die spezifische Ausprägung des gestaltungsorientierten Forschens: Es geht um die Entwicklung von Artefakten, die einen konkreten Beitrag zur Lösung eines echten Problems leisten, und um die wissenschaftliche Analyse ihrer Wirksamkeit. Damit verbindet DSR explizit die gezielte Gestaltung von Lösungen mit strenger wissenschaftlicher Fundierung und Evaluation. Die Design Science Research Methode, etwa in der Ausprägung der DSRM nach Peffers et al. (2006), Hevner et al. (2004) oder Österle et al. (2010a, 2010b), siehe jeweils Kap. 4, bietet hierfür einen strukturierten, nachvollziehbaren Rahmen für den gesamten Forschungsprozess.

▶ **Design** Das kreative Schaffen eines Artefakts.

▶ **Design Research** Die wissenschaftliche Auseinandersetzung mit Designprozessen: das Verstehen und Verbessern von Gestaltung.

▶ **Design Science Research** Die Entwicklung eines Artefakts zur Lösung eines spezifischen Problems, inklusive der Analyse seiner Wirksamkeit und des Artefaktes.

▶ **Design Science Research Methode** Strukturierter, wissenschaftlich fundierter die einzelnen Schritte des DSR von der Problemidentifikation über die Entwicklung und Evaluation des Artefakts bis hin zur Kommunikation der Ergebnisse klar definiert und anleitet.

Doch DSR beschränkt sich nicht auf das bloße Schaffen von Neuem. Zentral ist die **Evaluation** des erstellten Artefaktes am Ende der Durchführung des DSR. Die systematische, nachvollziehbare Überprüfung des Artefakts. Sie soll belegen, dass das entwickelte Artefakt tatsächlich wirksam ist und das adressierte Problem löst. Verschiedene Methoden wie Praxistests, Expertenrunden oder vergleichende Analysen kommen dabei zum Einsatz und helfen, Potenziale und Verbesserungsbedarf sichtbar zu machen.

Mit jedem Schritt im Rahmen von DSR wächst auch unser **Gestaltungswissen** (auch Design Knowledge). Dieses Wissen umfasst sowohl theoretische Hintergründe als auch praktisch erprobte Prinzipien, Entwurfsmuster und Erfahrungswerte, die bei der Entwicklung, Realisierung und Evaluation von Artefakten entstehen. Gestaltungswissen geht über das einzelne Projekt hinaus, da es auf ähnliche Problemstellungen übertragen werden kann und anderen Forschenden als Grundlage für weitere Innovationen dient.

Grundlegend für jedes DSR-Vorhaben ist die genaue Beschreibung des **Problemraums**. Dieser Begriff bezeichnet die Ausgangslage und den Kontext, aus dem der Bedarf für eine neue Lösung überhaupt entsteht. Hierzu zählen die konkreten Rahmenbedingungen, spezifische Anforderungen und die Motivation, ein bestimmtes Problem wissenschaftlich anzugehen. Gegenüber des Problemraums steht der **Lösungsraum**. Er umfasst das Spektrum aller möglichen Ansätze, Konzepte und Varianten, aus denen schließlich das finale Artefakt hervorgehen wird. Im Lösungsraum werden kreative Alternativen entwickelt, geprüft, angepasst und bewertet, bevor eine Entscheidung für die Umsetzung fällt.

Ebenso wichtig ist die **Validierung** im Forschungsprozess selbst. In diesem Schritt wird methodisch abgesichert, dass das Artefakt seinen Zweck tatsächlich erfüllt und das ursprüngliche Zielproblem adressiert. Validierung steht für wissenschaftliche Strenge und sorgt dafür, dass die gefundenen Lösungen nicht nur zufällig funktionieren, sondern nachprüfbar und belastbar sind.

Abschließend erhält die **Diffusion** einen zentralen Stellenwert im DSR-Prozess. Sie sorgt dafür, dass das entwickelte Artefakt und das daraus resultierende Wissen verbreitet und in der Praxis oder Wissenschaft genutzt werden können. Diffusion bedeutet, das eigene Forschungsergebnis über Veröffentlichungen, Implementierungen oder als Best Practice in die Welt hinauszutragen und so Wirkung zu entfalten.

▶ **Gestaltungswissen (Design Knowledge)** Das während Gestaltung, Umsetzung und Evaluation von Artefakten gewonnene theoretische und praktische Wissen.

▶ **Problemraum** Der Kontext, die Anforderungen und die Ausgangslage, aus denen der Bedarf für eine neue Lösung entsteht.

▶ **Lösungsraum** Die Gesamtheit aller potenziellen Lösungsansätze und Artefakte zur Bearbeitung des identifizierten Problems.

▶ **Validierung/Evaluation** Die methodisch abgesicherte Bestätigung, dass das Artefakt das Zielproblem tatsächlich adressiert.

▶ **Diffusion** Die Verbreitung und Anwendung des Artefakts sowie des erzeugten Wissens in Praxis und Wissenschaft.

Im Zusammenspiel all dieser Begriffe und Definitionen zeigt sich, wie Design Science Research Wissenschaftlichkeit und Innovationskraft miteinander verbindet. Wer diese zentralen Konzepte verinnerlicht und im eigenen Projekt gezielt einsetzt, kann die Komplexität des Forschungsprozesses meistern und am Ende nicht nur ein überzeugendes Artefakt, sondern auch einen wertvollen Beitrag für Wissenschaft und Praxis leisten.

Im Mittelpunkt des Design Science Research-Prozesses steht das Artefakt (dieser Begriff ist uns nun bereits mehrfach begegnet). Doch was verbirgt sich tatsächlich hinter dem Begriff des Artefakts, und warum ist er im DSR so bedeutsam? Auf den ersten Blick mag das Konzept des Artefakts abstrakt erscheinen. Tatsächlich jedoch steht es wie kein anderes Element exemplarisch für das gestaltungsorientierte Selbstverständnis der Methode: Es ist das greifbare Resultat, die sichtbare Antwort auf ein konkretes, praxisbezogenes Problem.

Um zu klären, was ein Artefakt im Kontext der Design Science Research wirklich bedeutet, lohnt sich eine genaue Begriffsbestimmung. Denn erst mit einem klaren Verständnis davon, was unter einem Artefakt verstanden wird, wird auch die Rolle und die Bedeutung dieser Forschungsrichtung ganz deutlich.

2.1.2 Was ist ein Artefakt

Im Zentrum der Design Science Research Methode steht ein Begriff, der zunächst etwas abstrakt wirken mag und von welchem Ihr hier schon mehrfach gelesen habt. Es handelt sich um das **Artefakt**. Aber was ist genau mit dem Begriff des Artefaktes gemeint?

▶ **Artefakt** Ein Artefakt lässt sich auf der Metaebene als eines vom Menschen geschaffene Lösung für ein konkretes, praxisbezogenes Problem definieren. Hierbei handelt es sich häufig um eine technologische, digitale oder konzeptionelle Innovation. Dieses Artefakt sollte am sinnvollsten im Rahmen eines DSR-Projekts entwickelt, erprobt und bewertet werden.

Wichtig ist zu beachten: Ein Artefakt dient nicht dem Selbstzweck, sondern hat immer das Ziel ein Problem gezielt zu lösen! Ein Artefakt wird entwickelt und gestaltet, um eine Wirkung zu erzeugen, die ein Problem zu lösen. Die Auswirkung des entwickelten Artefaktes wird im Rahmen der Methodik untersucht und validiert, um die Wirkung wissenschaftlich verstehen zu können.

Wir sehen, dass der Begriff des Artefaktes weit gespannt ist. Für die Praxis bedeutet dieses, dass eigentlich alles, was entwickelt oder weiterentwickelt wird, ein Artefakt sein kann. In der Praxis selbst handelt es sich bei Artefakten zumeist um folgende Elemente:

- **Softwareprototypen,** wie etwa ein Dashboard, welches aktuelle Daten zu Entscheidungsfindung auswertet oder eine App, die z. B. alten Leuten dabei hilft Kleingedrucktes besser zu verstehen und zu erklären.
- **Modelle oder Frameworks,** die ein bestimmtes Problem strukturieren oder eine definierte Sichtweise betrachten wollen und deshalb entwickelt und verbessert werden müssen.
- **Prozesse,** wie z. B. ein neu entwickeltes Vorgehensmodell zur Entscheidungsfindung in Projektteams oder ein Ablaufprozess, wenn es darum geht Prozesse zu digitalisieren.
- **Prototypen,** wie z. B. einem elektrischen Antrieb für Kinderwagen, die für eine Serienreife stück für Stück am Kunden entwickelt werden sollen.
- Aber auch **Visualisierungen oder Formulare,** sofern diese ein reales Problem adressieren und dabei helfen, dieses zu lösen.

Diese Liste ist erweiterbar. Ich bin mir sicher, du hast hier bereits verstanden, was alles ein Artefakt sein kann.

Diese breite Definition führt häufig zu folgender Frage von Studierenden:

Wenn alles ein Artefakt sein kann und ich bisher schon Artefakte in der Praxis entwickelt habe, wozu braucht es dann überhaupt eine eigene Forschungsrichtung wie DSR?

Hier müssen wir etwas weiter ins Detail gehen und uns daran erinnern, dass wir zwar Praxisorientiert arbeiten, aber trotzdem auch forschen und Wissenschaft betreiben wollen. Und in dem Begriff Wissenschaft steckt schon das Element, was hier meistens übersehen wird. Wir wollen Wissen schaffen!

Die Antwort, warum wir DSR betreiben sollten, liegt in der systematischen Verknüpfung von Gestaltung, Evaluation und Theoriebildung. **In der Design Science Research Methodologie geht es nicht nur um das reine entwickeln** und erstellen des Artefaktes, **sondern auch um das strukturierte Verstehen und Ableiten von Gestaltungswissen aus dem Artefakt.** Das was in wissenschaftlichen Arbeiten auch gerne als Inhalte unter Schlussfolgerungen, Handlungsempfehlungen, weiteren Forschungsempfehlungen oder Fazit verstanden und dort aufgeführt wird.

Genau das unterscheidet DSR von rein technikgetriebenen oder praktischen Entwicklungsprozessen: Wir sorgen mit dieser Methode für Wissenschaft.

Dabei dürfen wir trotzdem oder gerade deswegen praxisorientiert arbeiten. In den meisten der Fälle handelt es sich bei Artefakten um etwas direkt Anwendbares, wie eine z. B. eine App, ein digitales Tool oder ein anderer Prototyp. Wichtig ist, dass das Artefakt evaluiert werden kann. Es muss untersucht werden können, ob und wie er tatsächlich zur Lösung des Ausgangsproblems beiträgt und wie er ggf. noch verbessert werden kann.

2.2   Einordnung von Design Science Research in die Praxis

Wir kennen nun die Grundlagen, aber warum sollten wir in einem Projekt grundsätzlich nach einer Design Science Research Methode arbeiten? Wir können **Design Science Research** als Methode verstehen, die uns dabei hilft von der theoretischen Natur der Forschung zielsicher in die Praxis zu gelangen um dann wieder in die Theorie zurückwechseln zu kommen.

Stellen wir uns die Reise mit der DSR-Methode wie einen Weg vor, der uns in mehreren logisch aufeinander aufbauenden Schritten von der Theorie über die Praxis bis zum konkreten technischen Artefakt und wieder zurück zum wissenschaftlichen Diskurs, führt. Wir können uns hier an der Beschreibung von Irene Weber (2022, S. 105) orientiere und den Forschungsprozess selbst als einen Prozess verstehen, der zwischen drei Ebenen abläuft:

- Die **wissenschaftliche Ebene** (wo wir überlegen und planen),
- Die **Praxisebene** (wo das reale Problem im Mittelpunkt steht)
- Und **die technische Ebene** (hier entsteht und wächst unsere Lösung).

Unsere Reise beginnt zunächst **(I)** auf der **wissenschaftlichen Ebene,** wo wir uns mit dem grundsätzlichen Auseinandersetzen:

- Warum forschen wir?
- Wie forschen wir?
- Was wissen wir bisher?
- Was wollen wir genau erreichen?

Ganz konkret bedeutet das für uns, dass wir hier die Grundsätzlichen Entscheidungen treffen und uns mit der vorhandenen Theorie auseinandersetzen.

- Wir wählen hier den **Forschungsansatz** aus: Mit welchem wissenschaftlichen Kompass starten wir die Reise? (**z. B. Design Science Research!**)
- Wir wählen die genaue **Methodik** und die **richtigen Werkzeuge** aus: Welche Werkzeuge, welche Vorgehensweise brauchen wir?
- Wir klären, wie der **aktuelle Stand** der **Forschung und Technik** ist: Was ist der aktuelle wissenschaftliche und technologische Stand? Wir werfen also einen genauen Blick auf das, was schon bekannt ist.
- Wir **definieren unser Forschungsziel:** Was genau ist unsere Mission, unser Ziel und wie sieht Erfolg aus?

Von dieser Ebene, einige Menschen nennen diesen Bereich auch gerne den Elfenbeinturm, begeben wir uns auf die nächste Ebene (**II**). Wie kommen in den Alltag. Wir betreten die **Praxisebene** und **definieren den** genauen **Problemraum**. Jetzt geht es, vereinfacht, ans Eingemachte. Wir treten an das Praxisproblem heran:

- Wie **klären das Problem** und wir **beschreiben das Problem:** Welches praxisrelevante Problem wollen wir lösen?
- Wir **verstehen** das **Geschäftsziel** und den **geschäftlichen Kontext:** Warum ist das Problem wichtig? Welche Ziele hat das Unternehmen, die Organisation, die Praxis und was hat es mit dem Problem zu tun? In welchem Umfeld bewegen wir uns in der Praxis?

Auf dieser Ebene findet auch später die Lösungsevaluation statt: Unsere Lösung muss sich schließlich im echten Leben bewähren! Bevor wir aber unsere Lösung evaluieren können, müssen wir die Lösung erst einmal erstellen.

Zur Gestaltung der Lösung betreten wir die nächste und tiefste Ebene (**III**). Wir betreten die **technische Ebene** und **damit den Lösungsraum**. Wir verlassen damit die rein betrachtende Haltung endgültig. Es wird gestaltet, gebaut und entwickelt. Es findet „learning by building" statt. Wir arbeiten an und mit unserem **Artefakt** und **designen** dieses! Auf dieser Ebene klären und erarbeiten wir:

- Wir **definieren** die **operativen, technische Grundlagen** und gießen damit unser Fundament: Welche Technik, welche Prinzipien wollen und müssen wir hier berücksichtigen?
- Wir **beschreiben** unsere **geplante Lösung:** Wie sieht unsere geplante Lösung aus? Papier ist geduldig, aber jetzt nehmen unsere Ideen Form an, die wir realisieren wollen!
- Wir **entwickeln** unsere Lösung: Jetzt geht es an die eigentliche Bauphase. Das Artefakt, sei es Software, ein Tool, oder ein Prozess, entsteht.

- Wir **testen** und **demonstrieren** die Lösung: Es wird gezeigt, was man gebaut hat! Funktioniert unser Artefakt? Löss das Artefakt das Problem?

Und hier schließt sich der Kreis. Wir kehren in unserem Kreislauf auf die **Praxisebene (II)** zurück. Bevor wir unsere Forschungsreise beenden können müssen wir schließlich eine sehr wichtige Aufgabe lösen:

- Wir führen eine Lösungsevaluation in der Praxisebene durch: Hat unser Artefakt das Problem gelöst? Funktioniert es im Alltag? **Wir validieren.**

Nach der Lösungsevaluation auf der Praxisebene kehren wir auf die **Ebene der wissenschaftlichen Reflexion (III)** zurück und sorgen für eine **Diffusion, in welchem wir unser neu erworbenen Gestaltungswissen reflektieren und mit anderen teilen:**

- **Wir diskutieren unseren Wissensbeitrag:** Was konnten wir mit unserem designten Artefakt Neues zur Wissenschaft beitragen? Welches neue Wissen haben wir geschaffen?
- Wie **schätzen die Validität** unserer Ergebnisse **ein:** Sind unsere Ergebnisse wirklich belastbar? Wie sicher sind unsere Erkenntnisse?

In genau diesem systematischen, methodisch fundierten Vorgehen liegt das große Plus der Design Science Research Methode. Wir verändern die Welt und wissen auch exakt, warum und wie. **Wir verbinden gezielt die Ebenen der wissenschaftlichen Arbeit mit der Praxisebene und der realen Umsetzung.** Dabei sollten und müssen wir auch daran denken, dass wir nicht unfehlbar sind und wir auch Artefakte designen, die nicht die gewünschte Validität haben. Auch das trägt zu unserem und dem allgemeinen Gestaltungswissen bei.

Ein reflektiertes Fazit, wo der Forscher sich der Fehler und Lücken bewusst ist, kann immer noch dabei helfen einen Wissensbeitrag zu leisten und anderen Forschern dabei helfen sich einer Problemstellung sicherer und mit einem höheren Anteil an theoretischem Gestaltungswissen zu nähern. Die Reflexion über erreichte Erkenntnisse, methodische Herausforderungen und offene Fragen bildet die Grundlage für unsere Weiterentwicklung, sowohl im eigenen Projekt als auch im Kontext der wissenschaftlichen Gemeinschaft.

Erst durch den gezielten Einsatz passender Methoden wird es möglich, Gestaltung und Evaluation auf hohem wissenschaftlichem Niveau zu verbinden. Vor diesem Hintergrund widmet sich das folgende Kapitel der systematischen Auswahl und Anwendung von Methoden im Design Science Research.

2.3 Methoden für die Evaluation in der jeweiligen DSRM

Bevor wir im nächsten Kapitel zu ausgewählten Methoden im Bereich DSR kommen, wollen wir an dieser Stelle kurz methodische Grundlagen wiederholen, die wir für den Bereich der Validierung bzw. der Evaluation brauchen werden.

Im Rahmen einer gestaltungsorientierten Abschlussarbeit kommt der **Evaluation des Artefakts** zentrale Bedeutung zu. Doch welche Methoden eignen sich, insbesondere in Bachelor- oder Masterarbeiten, um die entwickelte Lösung wissenschaftlich und nachvollziehbar zu prüfen? Im Rahmen dieses Unterkapitels wollen wir einige Methoden kurz wiederholen und anschneiden.

Eine praxisnahe und zugleich wissenschaftlich fundierte Möglichkeit zur Evaluation eines Artefakts stellen Befragungen von Nutzern dar. Durch **Fragebögen oder Interviews** können systematisch Eindrücke aus dem Alltag, wahrgenommene Stärken und Schwächen sowie die **Akzeptanz eines Artefakts** ermittelt werden. Während standardisierte Umfragen dazu dienen, allgemeine Trends und Bewertungstendenzen sichtbar zu machen, liefern offene Interviews vertiefende Einblicke in Nutzungserfahrungen und Verbesserungspotenziale.

Ergänzend oder auch alternativ, z. B. bei Bachelorarbeiten, welche nur ein begrenztes Zeitfenster aufweisen, empfiehlt sich das Einholen von Expertenmeinungen, etwa durch strukturierte **Expertenreviews**. Hier geben erfahrene Betreuende, Branchenkenner oder externe Gutachter fundiertes Feedback zur Funktionalität, Benutzerfreundlichkeit oder Innovationskraft des Artefakts. Besonders wenn der Zugang zu einer großen Nutzerbasis begrenzt ist, bieten solche Expertenbeurteilungen eine wertvolle externe Perspektive.

Wer zudem Wert auf **objektiv messbare Ergebnisse** legt, kann, entweder im Rahmen der Umfragen oder als eigenständige Untersuchung, gezielt Key Performance Indicators (KPIs) erheben; beispielsweise gemessen oder geschätzte Bearbeitungsdauer, Fehlerquoten, Kosten oder die Zahl zufriedener Nutzer. Die Wahl und Erhebung geeigneter Kennzahlen ermöglichen es, die Wirksamkeit und Effizienz des Artefakts nachvollziehbar zu beurteilen. Hier ist es natürlich wichtig, damit quantitativ ausgewertet werden kann, dass eine ausreichende Fallzahl erreicht wird.

Für die Auswertung der erhobenen Daten stehen verschiedene qualitative und quantitative Methoden zur Verfügung, welche passende zur Erhebung genutzt werden müssen!

Im Bereich der **qualitativen Auswertung** ist insbesondere die **qualitative Inhaltsanalyse** z. B. nach Mayring (2015) etabliert. Diese Methode eignet sich, um offene Antworten aus Interviews oder Expertenreviews systematisch zu analysieren. Die Aussagen werden inhaltlich paraphrasiert, kategorisiert und entlang zuvor festgelegter Kategorien ausgewertet, sodass sich wesentliche Aussagen, häufig genannte Problempunkte und Verbesserungsvorschläge strukturiert herausarbeiten lassen.

Für **quantitative Analysen** bieten sich zahlreiche Möglichkeiten an (vgl. Lindner, 2020). Hierbei ist immer zu beachten, dass für signifikante und übertragbare Ergebnisse zum einen genügend Daten vorhanden seien, müssen und zum anderen eine passende Skalierungsart bei der Erhebung gewählt werden muss:

- **Diagrammdarstellung auf Basis deskriptiver Statistik:** Balken-, Säulenoder Liniendiagramme visualisieren und verdichten die wichtigsten Ergebnisse. Dieses können Werte wie Nutzungsfrequenz oder Zufriedenheit sein.
- **Signifikanzanalyse:** Mithilfe statistischer Tests kann geprüft werden, ob Effekte (zum Beispiel eine höhere Effizienz nach Einführung des Artefakts) tatsächlich signifikant sind oder zufällig auftreten.
- **Korrelationsanalyse:** Sie untersucht, ob beispielsweise zwischen Bedienbarkeit und Zufriedenheit oder zwischen Funktionsumfang und Produktivität statistische Zusammenhänge bestehen.
- **Regressionsanalyse:** Hier wird analysiert, wie stark Einflussgrößen wie Trainingsaufwand oder Features das Nutzererlebnis oder die Akzeptanz beeinflussen und welche Vorhersagen sich daraus ableiten lassen.
- **Clusteranalyse:** Mit solchen Analysen lassen sich unterschiedliche Nutzergruppen identifizieren, beispielsweise Power-User versus Gelegenheitsnutzer, sodass das Artefakt gezielt auf deren Bedürfnisse zugeschnitten werden kann.

Für viele studentische **Projekte** bietet es sich an, eine **Kombination aus qualitativen und quantitativen Methoden** einzusetzen. So lassen sich einerseits individuelle Erfahrungen und Meinungen erfassen, andererseits objektiv messbare Ergebnisse dokumentieren und vergleichen. Wichtig bleibt, die gewählten Evaluationsmethoden an den Charakter des Projekts und die vorhandenen Ressourcen anzupassen, die Auswertung transparent zu gestalten und die Erkenntnisse nachvollziehbar in die Bewertung des Artefakts einfließen zu lassen. So wird die Evaluationsphase sowohl praxisrelevant als auch wissenschaftlich fundiert und bildet einen zentralen Baustein gestaltungsorientierter Forschung.

Auch **Vergleichsstudien** bieten sich an beim DSR an und das unabhängig von der gewählten Methode. Bei Vergleichsstudien wird das eigene Artefakt direkt bestehenden Lösungen oder Prozessen gegenübergestellt. Studierende können beispielsweise die Bearbeitungszeit, Fehlerrate oder Nutzerzufriedenheit vor und nach der Einführung des neuen Tools messen und so objektiv belegen, ob und inwiefern eine Verbesserung eingetreten ist. Häufig reicht schon ein einfaches Pre-Post-Vergleichsdesign, bei dem Werte vor und nach der Implementierung dokumentiert werden.

Eine weitere, praxisorientierte Methode, die sich auch für studentische Projekte eignet, wenn genügend Zeit vorhanden ist, ist die **Pilotanwendung** im kleinen Maßstab. Das bedeutet, das entwickelte Artefakt in einem überschaubaren Kreis, etwa einem kleinen Team oder einer freiwilligen Nutzergruppe, im realen Alltag testen zu lassen. Die Erfahrungen und Rückmeldungen aus diesem „Praxistest" können strukturiert ausgewertet und kritisch reflektiert werden.

Als Studierende und Forscher sollten stets **Methoden** gewählt werden, die zum Charakter des Projekts, zum Umfang der Arbeit und **zu den verfügbaren Ressourcen passen.** In vielen Abschlussarbeiten ist eine Kombination aus Pilotanwendung mit passender Nutzerbefragung und Expertenreview praxistauglich und aussagekräftig. Wichtig ist, die gewählte Evaluationsmethode immer nachvollziehbar zu begründen und deren Ergebnisse systematisch in die Bewertung des Artefakts einfließen zu lassen. So wird die gestalterische Arbeit nicht nur praxisrelevant, sondern auch wissenschaftlich fundiert abgeschlossen.

Design Science Research Methoden

Der Einsatz von Methoden im Design Science Research ist vielfach von Unsicherheiten geprägt. Wir als Forschende stehen vor der Herausforderung, empirische und gestalterische Verfahren sinnvoll zu verbinden, mit der Dynamik des DSR-Prozesses souverän umzugehen und gleichzeitig wissenschaftlichen Ansprüchen gerecht zu werden.

Gerade deshalb ist eine systematische Reflexion und Auswahl von Forschungsmethoden im DSR essenziell. Konkrete **methodische Standards** bieten hier, als Wegweiser für forschende Praxis und begründete Entscheidungen, eine Orientierung. Diese DSRM bieten uns für fundierte, nachvollziehbare und anschlussfähige Forschungspraxis. Das Ziel dieses Kapitels ist es, dass wir die wichtigsten Methoden und Prozessmodelle des DSR kennenlernen, um eine Hilfestellung für die eigene Forschungspraxis zu bieten.

3.1 Design Science Research nach Peffers et al.

Der DSRM-Prozess nach Peffers et al. (2006) zählt zu den etabliertesten Prozessmodellen für gestaltungsorientierte Forschungsvorhaben im Bereich des DSR. Das Modell untergliedert den Forschungsprozess systematisch in **sechs aufeinander aufbauende Schritte,** die, abhängig vom individuellen Projektkontext, auch flexibel und iterativ durchlaufen werden können.

Sein Aufbau ermöglicht zum einen Einsteigern als auch erfahrene Forschende einen transparenten, nachvollziehbaren Rahmen, der von der präzisen Problemidentifikation bis zur Validierung und Diffusion Sicherheit und Orientierung bietet.

K. Linke, *Design Science Research leicht gemacht*, essentials, https://doi.org/10.1007/978-3-662-73242-7_3

Der Peffers-Ansatz beschreibt konkrete methodische Schritte, um diesen Anspruch systematisch umzusetzen.

Die Entwicklung des DSRM-Modells basiert dabei auf einer sorgfältigen Analyse vorangegangener Methoden und Modelle der gestaltungsorientierten Forschung im Bereich DSR. Peffers et al. verfolgten das Ziel, aus der Vielfalt existierender Ansätze einen strukturierten, nachvollziehbaren und praxisnahen Forschungsprozess abzuleiten, der wissenschaftlichen Standards genügt und für unterschiedliche Felder der Forschung im Bereich der informatik und Wirtschaftsinformatik einsetzbar ist.

Für die Entwicklung dieses Ansatzes wurden systematisch verschiedene gestaltungsorientierte Methodiken analysiert, wie den Arbeiten von Archer (1984), Takeda et al. (1990), Eekels und Roozenburg (1991), Nunamaker et al. (1991), Walls et al. (1992), Rossi et al. (2003) und Hevner et al. (2004). Diese Modelle unterschieden sich zwar im Detail, zeigten aber in ihrer Grundstruktur erhebliche Parallelen: Nahezu alle untersuchten Ansätze begannen mit einer expliziten **Problemidentifikation oder Bedarfsanalyse,** gefolgt von einer Zielbestimmung für die angestrebte Lösung. Darauf aufbauend folgte das **Design eines Artefakts,** das in einem iterativen Prozess gestaltet und ausgestaltet wurde. Auch die anschließende **Prüfung beziehungsweise Evaluation des entworfenen Artefakts** fester Bestandteil dieser Modelle. Während einige Modelle den Fokus auf den reinen Entwicklungsteil legten, rückten andere auch die Kommunikation und Veröffentlichung, die Diffusion, der Forschungsergebnisse in die Fachcommunity und Praxis in den Vordergrund.

Das Modell von Peffers et al. Ist also nicht als Neuerfindung anzusehen. **Es bietet eine gesunde Grundlage für den methodischen Einsatz von DSR, da es eine integrative und systematische Weiterentwicklung bewährter Ansätze darstellt.** Dieser Ansatz hat sich durchaus in den letzten Jahren als „de-facto-Standard" für gestaltungsorientierte Forschung im Bereich des DSR etabliert, da es zum einen die wissenschaftliche Ebene berücksichtigt und zum andere eine praktische Orientierung ermöglicht.

Das von Peffers et al. entwickelte, konsolidierte Prozessmodell definiert sechs Schritte für den Forschungsprozess, welche klar aufeinander aufbauen, aber welche auch Flexibilität erlauben. Das Entscheidende: Du kannst an verschiedenen Punkten in den Forschungsprozess einsteigen. Der Einstieg ist dabei abhängig von deinem aktuellen Stand der Forschungsarbeit. Diese Einstiegspunkte werden wir uns später noch einmal im Detail anschauen. Zuerst wollen wir uns allerdings mit den sechs Schritte von Peffers et al. auseinandersetzen:

Schritt 1: Problemidentifikation und Motivation

Der DSRM-Prozess startet mit der expliziten Identifikation und Beschreibung eines konkreten, in der realen Welt verankerten Problems. Wir haben also zu diesem Zeitpunkt bereits eine wissenschaftliche Einordnung festnehmen können und befinden uns auf der Praxisebene. Im Mittelpunkt steht nicht nur die Frage, worin das eigentliche Kernproblem besteht, sondern vor allem, warum die Lösung des Problems relevant und sinnvoll ist. Die Motivation zu Beginn legt die fachliche Fokussierung des Projekts fest und sensibilisiert die Stakeholder des Forschungsprojektes für die Bedeutsamkeit der angestrebten Lösung. Dazu gehört ein Verständnis des Status quo sowie eine klare Argumentation, warum gerade diese Herausforderung adressiert werden soll. Typischerweise wird der Mehrwert des Vorhabens für eine bestimmte Zielgruppe, wie etwa Unternehmen, Nutzergruppen oder Wissenschaft, gezielt herausgearbeitet und definiert. Am Ende dieses Schrittes sollte der Praxisbezug und unser Problemraum in diesem Kontext feststehen.

Schritt 2: Zielsetzung der Lösung (Ziele der Lösung)

Aufbauend auf der Problemdefinition werden in diesem Schritt die konkreten Ziele und Anforderungen für das zu entwickelnde Artefakt abgeleitet. Es gilt, nachvollziehbar herzuleiten, welche Eigenschaften, Funktionen oder Verbesserungen das spätere Ergebnis aufweisen muss, um das Problem wirksam zu adressieren. Die Zielsetzungen orientieren sich sowohl am Stand der Forschung als auch an praktischen Bedürfnissen und bilden die Grundlage für einen realistischen, überprüfbaren Entwurf des Artefaktes. Erst durch diese präzise Zieldefinition kann später beurteilt werden, wie erfolgreich das Projekt tatsächlich war. Am Ende dieses Schrittes ist es für uns möglich die Praxisebene zu verlassen, um die technische Ebene zu wechseln.

Schritt 3: Artefaktgestaltung und -entwicklung (Design & Entwicklung)

Nun folgt die gestalterische Kernphase: Wir betreten die technische Ebene und damit den Lösungsraum! Basierend auf den zuvor formulierten Anforderungen und Zielen wird das Artefakt entwickelt. Dabei kann es sich um ein Modell, einen Prozess, eine Software, eine Methode oder eine Kombination dieser Elemente handeln. Die Gestaltung des Artefaktes erfolgt sowohl kreativ als auch fundiert. Das bedeutet, dass theoretische Erkenntnisse, bewährte Konzepte und methodisches Vorgehen einfließen und wir nicht etwas entwickeln, was es bereits gibt. Wir zeigen hier, dass wir etwas Neues erschaffen können. Dieses bedeutet nicht, dass es komplett neu seien muss. Ziel ist es, eine innovative, praktikable und auf das Ausgangsproblem zugeschnittene Lösung zu schaffen. Dieses kann auch eine gezielte

Verbesserung einer bisherigen Lösung sein, wenn diese neue Lösung das Problem besser adressiert.

Schritt 4: Demonstration (Lösungsimplementierung)

Im vierten Schritt steht die Demonstration der Lösung im Vordergrund. Das Artefakt wird angewendet auf der technischen Ebene angewendet. Dieses kann beispielsweise in einer Fallstudie, einer Simulation, einem Praxistest oder Pilotprojekt geschehen. Ziel ist es, zu zeigen, dass das entwickelte Objekt im realen oder simulierten Kontext praktikabel ist und das adressierte Problem tatsächlich beeinflussen oder lösen kann. Die Demonstration ist ein essenzieller Zwischenschritt, um die Anwendbarkeit und Übertragbarkeit des Artefakts nachvollziehbar zu machen und die Relevanz für Praxis und Forschung zu erhöhen. Eventuell können im Rahmen der Demonstration noch kleine Änderungen, die gewissenhaft dokumentiert werden, durchgeführt werden. Dieses sollte im Rahmen von Bachelor- und auch Masterarbeiten kein Problem darstellen, wenn der Grunderkennbar und die Anpassungen dokumentiert sind. Wir befinden uns hier noch auf der technischen Ebene, welche wir am Ende dieses Schrittes allerdings wieder verlassen, um auf die Praxisebene zu wechseln, um unsere Lösung nach der Demonstration zu validieren.

Schritt 5: Evaluation (Validierung)

Die Evaluation prüft auf der Praxisebene systematisch, wie gut das entwickelte Artefakt den vorab definierten Anforderungen und Zielen entspricht. Wir arbeiten in diesem Schritt mit messbarem Vergleichen (Soll-Ist-Abgleiche), gesteuerten und geplantem Expertenfeedback, quantitativen und qualitativen Nutzertests oder anderen Evaluationsmethoden. Mit diesen untersuchen wird die Effektivität und Effizienz des Artefakts.

Die Evaluation (Schritt 5) ist entscheidend, da erst durch sie bestimmt werden kann, ob das entwickelte Artefakt das Problem wirklich adressiert und die gesetzten Ziele erfüllt. Sie markiert häufig auch einen Wendepunkt im Prozess, an dem deutlich wird, ob eine **weitere Iteration notwendig** ist. **In diesem Fall können wir zu den Punkt 2. Zielsetzung der Lösung (Ziele der Lösung) oder Punkt 3. Artefaktgestaltung und -entwicklung zurückspringen.** Hierbei handelt es sich dann zumeist nicht um kleinere Änderungen, sondern es geht um substanzielle und umfangreichere Änderungen, die weitere Forschungsarbeit notwendig machen und außerhalb der aktuellen Forschungsarbeit gelöst werden müssen!

Der iterative Charakter des Modells ist ausdrücklich erwünscht und trägt dazu bei, die Qualität und Passgenauigkeit der Lösung zu optimieren. In diesem Kontext können wir nun auch in die wissenschaftliche Reflexion eintauchen.

Schritt 6: Kommunikation (Diffusion)

Im Rahmen der wissenschaftlichen Reflexion werden die erzielten Forschungsergebnisse, das entwickelte Artefakt, deren Nutzenpotenziale sowie Limitationen und offen gebliebene Fragen systematisch publiziert und der Fachcommunity wie auch praktischen Zielgruppen zugänglich gemacht. Die Kommunikation erfolgt beispielsweise über wissenschaftliche Veröffentlichungen, Praxisberichte oder Präsentationen. Hierzu gehören auch die Abschlussarbeiten, die von Studierenden angefertigt werden. Hier schließt sich dann auch der Kreis, warum DSR und eine passende Methode für einen realen Mehrwert sorgen und für Abschlussarbeiten von Studierenden geeignet sind: Nur wenn das Problem, die Methodik, das Artefakt und die Evaluationsergebnisse nachvollziehbar dokumentiert und kommuniziert werden, leistet das Forschungsprojekt einen fundierten und nachhaltigen Beitrag zur wissenschaftlichen wie praktischen Weiterentwicklung.

Wir können an dieser Stelle schon einmal festhalten, der sechsstufige DSRM-Prozess nach Peffers et al. bietet ein systematisches, dennoch flexibles Rahmenwerk, mit dem gestaltungsorientierte Forschungsprojekte strukturiert, transparent und iterativ gesteuert werden können. Er ermöglicht es, kreative und innovative Lösungen methodisch fundiert zu entwickeln, diese kritisch zu prüfen und deren Nutzen nachvollziehbar und anschlussfähig zu dokumentieren und zu kommunizieren. Gerade für interdisziplinäre, praxisorientierte Disziplinen wie die Wirtschaftsinformatik, Ingenieurwissenschaften und angewandte Informatik ist dies ein zentrales Werkzeug, um qualitativ hochwertige und wissenschaftlich anschlussfähige Ergebnisse zu erzielen.

Die verschiedenen Einstiegspunkte des Modells

Nun kommen wir noch zu einer Besonderheit des Peffers-Modells. Es bietet uns von seiner Idee her eine besondere Form der Flexibilität: Projekte können, je nach Ausgangssituation, an verschiedenen Schritten beginnen. **Es ist beispielsweise möglich, nicht erst mit einer Problemidentifikation zu starten, sondern z. B. direkt mit einer Zielsetzung der Lösung (Ziele der Lösung), Artefaktgestaltung und -entwicklung oder Demonstration (Lösungsimplementierung).** Je nachdem, welche Vorarbeiten schon geschehen sind. Entscheidend für den Gesamtprozess bleibt, dass in jedem Fall sämtliche Schritte zum Ende des Prozesses gewissenhaft und iterativ durchlaufen werden, um sowohl Wissenschaftlichkeit als auch Praxistauglichkeit zu sichern.

Forschende können damit ihre Arbeit beispielsweise problemzentriert, zielzentriert, gestaltungszentriert oder auch erst bei der Beobachtung einer Lösung beginnen.

Hierdurch ermöglicht diese DSRM sowohl strukturiertes als auch adaptives wissenschaftliches Arbeiten und bietet einen niederschwelligen Einstiegspunkt für unterschiedliche Arten von Forschungsanliegen wie Bachelor oder Masterarbeiten.

Gerade die Möglichkeit, flexibel in den Prozess einzusteigen und diesen iterativ zu gestalten, stellt einen der großen Vorteile der Methode dar, dass es uns ermöglicht:

- **Erfahrung zu nutzen:** Forschende, die auf Vorarbeiten, Prototypen oder Erkenntnisse aus vorangegangenen Projekten zurückgreifen können, profitieren davon, an der passenden Stelle einzusteigen und gezielt auf bestehendem Wissen aufzubauen. Dies spart Ressourcen und fördert effizientere Forschungsprozesse.
- **Anpassung an realistische Rahmenbedingungen vorzunehmen:** Bei kleineren Forschungsarbeiten, wie Bachelor- oder Masterarbeiten, ist es häufig weder möglich noch notwendig, alle sechs Schritte in voller Tiefe zu bearbeiten. Der flexible Einstieg und das iterative Vorgehen erlauben es, sich auf ausgewählte Phasen zu konzentrieren und dennoch einen wissenschaftlich wertvollen Beitrag zu leisten.
- **Arbeitsteilung und Kooperation:** In größeren oder interdisziplinären Projekten können einzelne Prozessschritte auf verschiedene Gruppen und Forscher verteilt werden. So bringt jede beteiligte Person oder Gruppe ihre Expertise gezielt ein und trägt zum Gesamtfortschritt des Projekts bei, ohne den kompletten Zyklus abdecken zu müssen.
- **Integration in bestehende Forschung:** Die Methode ist anschlussfähig an laufende oder vorangegangene Forschungsprojekte. Forschende können mit ihrem Beitrag genau dort einsetzen, wo es im Projektverlauf am sinnvollsten ist, und so nahtlos an die bestehende Entwicklung anknüpfen.

Insgesamt sorgt diese Flexibilität und Adaptionsfähigkeit dafür, dass das DSRM nach Peffers sowohl für Einsteiger als auch für Fortgeschrittene einen praxisnahen, wissenschaftlich fundierten Leitfaden für gestaltungsorientierte Forschung darstellt und das unabhängig von Projektgröße, Kontext oder spezifischer ausgangssituation.

3.2 Design Science Research nach Österle et al.

Die oft zitierten „sechs Schritte" nach Peffers el al. stellen (fast) einen „de-facto Standard" im Bereich DSR dar. Dieses liegt darin begründet, dass diese Methode sehr gut einzelne, nachvollziehbare Phasen unterteilen ist. Sie sind ein Modell, das den DSR-Prozess strukturiert und Studierenden hilft, ihren Forschungsweg klar und systematisch zu planen. **Doch nicht jede Arbeit, besonders auf Bachelorniveau, muss jeden einzelnen Schritt vollständig und in der genannten Reihenfolge durchlaufen.** Dieses können sich auf ausgewählte Phasen konzentrieren, Teilaspekte vertiefen oder, je nach Umfang und Zeitrahmen der Arbeit, bestimmte Bereiche auslassen, ohne die wissenschaftliche Integrität zu verlieren.

Die strukturierte Planung und Realisierung gestaltungsorientierter Forschungsvorhaben im Rahmen von Design Science Research steht vor typischen methodischen und konzeptionellen Herausforderungen. Insbesondere Studierende und Nachwuchsforschende sehen sich häufig mit Fragen bezüglich der Auswahl und praktischen Umsetzung eines DSR-Prozesses konfrontiert: Wie lässt sich der Weg von der Problemstellung bis zur überprüfbaren, publizierbaren Lösung sinnvoll organisieren? In welcher Form kann eine Komplexitätsreduktion gelingen, ohne wissenschaftliche Strenge und Anschlussfähigkeit zu verlieren? An dieser Stelle setzt der Ansatz von Österle et al. (2010a, 2010b) an. Dieser Ansatz kann auch für umfangreichere Forschungsprojekt genutzt werden, aber er hat sich bewährt, den ansonsten oft sechsstufig dargestellten Forschungsprozess auf vier klar definierte, aufeinander aufbauende Phasen zu reduzieren: Analyse, Entwurf, Evaluation und Diffusion.

Diese Struktur unterstützt insbesondere Einsteiger im Bereich der Forschung dabei, sich im Forschungsprozess zu orientieren, Rollenklarheit zu gewinnen und die eigene Arbeit zielgerichtet zu gliedern. Die Methode ist daher besonders geeignet für Abschlussarbeiten und studentische Projekte, die einen realen Praxisbezug aufweisen und dabei Gestaltungswissen gewinnen möchten und wird deshalb z. B. auch von der IU International Hochschule als Format für Abschlussarbeiten im Bereich Technik empfohlen (Benner-Wickner, Kneuper & Schlömer, 2020). **Die reduzierte Vier-Phasen-Struktur mit Analyse, Entwurf, Evaluation und Diffusion macht DSR übersichtlich und für Einsteiger nutzbar.** Der folgende Abschnitt ordnet diese Schritte ein und erläutert, wie sie zusammenwirken, um aus einer ersten Idee eine tragfähige, praxistaugliche Lösung zu machen.

Phase 1: Analyse

Die Analysephase bildet stets die Grundlage für ein DSR-Projekt nach Österle et al. Ziel des ersten Schritts ist es, das zu lösende Problem zu identifizieren und zu klären. Es gilt hier, den potenziellen Mehrwert und Motivation der Forschung sichtbar zu machen und die Zielgruppe möglichst konkret zu fassen. Das Geschäftsziel wird in diesem Schritt definiert.

Eine detaillierte Anforderungsaufnahme und sorgfältige Kontextbeschreibung sind hierbei ebenso unerlässlich wie eine fundierte Literaturrecherche. Letztere sichert ab, dass aktuelle wissenschaftliche und praxisrelevante Erkenntnisse berücksichtigt werden und das eigene Vorhaben an bestehendes Wissen anknüpft. Das Ergebnis dieser Phase ist eine klar umrissene problemstellung, ein Anforderungsprofil, sowie eine belastbare Wissensgrundlage für die fortlaufende Arbeit.

Phase 2: Entwurf (Design)

Der Übergang in die Entwurfsphase markiert den Beginn des kreativen, gestaltungsorientierten Arbeitens. Anhand der in der Analyse gewonnenen Erkenntnisse wird nun ein Artefakt konzipiert und ausgearbeitet. Dieses Artefakt kann je nach Untersuchungsgegenstand beispielsweise als Prototyp, Modell, Methode oder IT-Lösung ausgestaltet sein.

Methodisch fundierte Planung unterscheidet diese Phase von bloßem Ausprobieren; vorhandene Strukturen, Werkzeuge und erprobte technische Methoden werden gezielt genutzt, um eine realistische, praxistaugliche Lösung zu entwickeln. Im Entwurf können auch verschiedene Varianten und Lösungswege ausgearbeitet und kritisch reflektiert werden.

Phase 3: Evaluation

Im Evaluationsschritt liegt der Fokus auf Nachvollziehbarkeit und Überprüfbarkeit. Hier gilt es, das entwickelte Artefakt kritisch auf der Praxisebene zu testen und zu hinterfragen: Sind die anfangs definierten Anforderungen zur Problemlösung erreicht worden? Dazu eignen sich die Methoden, die auch von Peffers et al. vorgeschlagen werden und die eingangs in diesem Buch besprochen werden.

Ergebnisse sollen in diesem Kontext kontinuierlich reflektiert und Fehlerquellen systematisch analysiert werden. Der Prozess ist hier, in der Definition, noch dynamischer und unterstützt offensiver die iterative Verbesserungsschleifen. Die gezielte Rückkopplung zur Entwurfsphase und gegebenenfalls sogar zurück zur Analyse sind integraler Bestandteil und stärken die methodische Qualität des Prozesses.

Phase 4: Diffusion (Verbreitung und Praxisintegration)
In der letzten Phase liegt der Fokus auf Anschlussfähigkeit und Nachhaltigkeit. Das entwickelte Artefakt und gewonnene Wissen werden aufbereitet, veröffentlicht oder fundiert und qualitätsgesichert in die Praxis überführt.

Diffusion versteht sich auch bei Österle et al. nicht allein als Verbreitung, sondern auch als aktive Integration des Artefakts in Organisationen, Fachgemeinschaften oder Folgeprojekte. Die wissenschaftliche Ebene ist hier etwas weitergefasst. Für die wissenschaftliche Fundierung ist es zentral, diese Phase frühzeitig mitzudenken, sei es durch Dokumentation in Abschlussarbeiten, Beiträge in Fachzeitschriften oder Präsentationen auf Konferenzen. Nur durch die Diffusionsphase entfalten Ergebnisse den gewünschten Mehrwert und werden einer kritischen, fachlichen Öffentlichkeit zugänglich.

Berücksichtigung der Rückkopplung
Charakteristisch für die vierphasige DSR-Struktur ist die Möglichkeit zur Rückkopplung zwischen den einzelnen Phasen. Das heißt: Der Forschungsprozess ist explizit als iterativ angelegt. Werden im Verlauf, etwa in der Evaluation, neue Anforderungen, Schwächen oder Unschärfen deutlich, erfolgt gezielt eine Rückschleife zu vorangegangenen Schritten, etwa zur Überarbeitung im Entwurf oder, falls nötig, zur Präzisierung in der Analyse. Diese Iterationsschleifen sind kein Makel, sondern Ausdruck wissenschaftlicher Sorgfalt und Qualitätssicherung. Sie ermöglichen, wie auch bei Peffers et al., die Entwicklung von Artefakten, die sowohl forschungsbasiert als auch praxistauglich und robust sind.

Eine kurze Einordnung von Österle et al. im Vergleich zu Peffers et al.
Während der DSRM-Prozess nach Peffers et al. vor allem die methodisch-operationalisierte Ebene der gestaltungsorientierten Forschung abdeckt und Forschenden einen klaren, iterativen allgemeinen Projektfahrplan bietet, beschäftigt sich der Ansatz von Österle et al. zusätzlich mit der grundlegenden methodischen Verankerung und wissenschaftlichen Legitimation von Design Science Research innerhalb der (Wirtschafts-)informatik.

Im Zentrum dieses Ansatzes steht die aktive Gestaltung von IT-gestützten Lösungen für relevante Herausforderungen in Wirtschaft und Gesellschaft. Die Autorenschaft um Österle grenzt den praktischen Ansatz dabei bewusst auch gegenüber anderen Forschungsbereichen ab. Während verhaltensorientierte Forschung primär erklärt, beobachtet und analysiert, ist gestaltungsorientierte Forschung darauf ausgerichtet, innovative Methoden, Modelle oder IT-Artefakte zu entwickeln, welche reale Probleme adressieren und transformieren.

Grundsätzlich sind sich die beiden Ansätze natürlich recht ähnlich und können, je nach Präferenz und vor dem Hintergrund der verfügbaren Zeit, ausgewählt werden. Österle et al. ist etwas praxisorientierter und schlanker strukturiert, während Peffers et al. noch genauer, präziser und formell wissenschaftlicher arbeitet. **Bei Peffers et al. ist der Quereinstieg dabei prominenter in den Vordergrund gestellt.** Beide Modelle unterstützen aber verlässlich den Weg aus der Wissenschaft in die Praxis und auf die technische Ebene und stellen die systematische Entwicklung und Evaluation von Artefakten als zentrales Forschungsziel in den Mittelpunkt. Die Lösungsorientierung gegenüber realen Herausforderungen steht ausdrücklich im Vordergrund und in beiden Modellen sind wissenschaftliche Fundierung, Nachvollziehbarkeit und methodischer Anspruch Grundvoraussetzungen für eine valide, gestaltungsorientierte Arbeit.

Beide Ansätze ergänzen sich insofern, als Peffers et al. vor allem eine methodisch saubere, prozessorientierte Durchführung von DSR-Projekten ermöglichen, während Österle et al. besonderen Wert auf die Integration und nachhaltige Wirkung in der Praxis sowie die Legitimation gestalterischer Forschung im Wissenschaftssystem legen. Je nach Kontext, Forschungsziel und individueller Schwerpunktsetzung können beide eine wertvolle methodische Grundlage bieten.

3.3 Design Science Research Hevner et al.

Nachdem wir nun zwei Ansätze betrachtet haben, die sich in vielen Punkten ähneln, möchten wir uns nun einem Modell zuwenden, das eine etwas andere Struktur aufweist. Zwar wurde dieses Modell in der Meta-Analyse von Peffers et al. (2006) bereits berücksichtigt, dennoch unterscheidet es sich im Aufbau und in seinem konzeptionellen Zugang deutlich genug, um an dieser Stelle gesondert behandelt zu werden. Der Meta-Ansatz von Hevner et al. (2004 bzw. Hevner, 2007), beschreibt Design Science Research als ein systemisches, iteratives Wechselspiel zwischen Praxis, Wissenschaft und Gestaltung, während die beiden anderen, vorherigen Modelle einen detaillierten, schrittweise operationalisierten Forschungsprozess vorgeben.

Viele Studierende, die sich mit Design Science Research beschäftigen, sei es in Informatik, Wirtschaftsinformatik, Ingenieurwesen oder angrenzenden Fächern, stellen schnell fest: In der Praxis ist die Schnittstelle zwischen realen Problemen und wissenschaftlicher Fundierung oft schwer zu greifen. Es braucht einen methodischen Ansatz, der Kreativität und Innovationsfreude ebenso zulässt wie einen hohen Anspruch an wissenschaftliche Systematik. Genau das bietet uns das

Drei-Zyklen-Modell von Hevner et al., welches als zentraler theoretischer Rahmen für gestaltungsorientierte Forschungsvorhaben im DSR genutzt werden kann.

Hier eine stilistisch einheitliche, korrigierte und inhaltlich präzisierte Fassung auf Basis deiner Informationen und dem erklärenden Ansatz zu Hevners Drei-Zyklen-Modell: Anders als frühere Ansätze, die Forschungsprozesse meist als lineare, schrittweise Abfolge darstellten, versteht Hevner Design Science Research als einen komplexen, dynamischen und iterativen Kreislauf. Das sogenannte Drei-Zyklen-Modell ordnet DSR nicht entlang festgelegter Stufen, sondern beschreibt es als das ständige Zusammenspiel von drei zentralen Zyklen:

- dem **Relevance Cycle (Praxis- und Anwendungskontext),**
- dem **Rigor Cycle (wissenschaftliche Wissensbasis)** und
- dem **Design Cycle (Gestaltung und Entwicklung).**

Diese drei Bereiche stehen nicht isoliert nebeneinander, sondern tauschen kontinuierlich Anforderungen, Wissen, Artefakte und Erkenntnisse aus. Sie beeinflussen und bereichern einander wechselseitig.

Im Mittelpunkt des Modells steht dabei nicht die einmalige, isolierte Entwicklung eines Artefakts, sondern die bewusste Verzahnung von Praxisbezug, methodisch-theoretischer Fundierung und kreativer Entwicklungsarbeit. Die Methode fordert, dass Erkenntnisse, Anforderungen und Feedback aus jedem dieser Bereiche immer wieder reflektiert, integriert und genutzt werden, sodass am Ende nicht nur eine innovative technische Lösung steht, sondern auch ein nachvollziehbarer und dokumentierter Beitrag für Wissenschaft und Praxis.

Das Drei-Zyklen-Modell strukturiert DSR somit als einen iterativen, rückgekoppelten Lernprozess. Ausgangspunkt ist oft ein Problem oder ein Handlungsbedarf im realen Anwendungskontext – das können Organisationen, Teams, technische Systeme oder gesellschaftliche Herausforderungen sein. Die Forschungsarbeit wird als kontinuierlicher Austausch zwischen den drei Zyklen verstanden:

Relevance Cycle (Umwelt- bzw. Praxis-Zyklus)
Hier werden reale Problemstellungen und Forschungsmotivation identifiziert. Der Relevance Cycle stellt sicher, dass die DSR-Projekte fest im Lebens- und Arbeitsalltag von Organisationen oder Zielgruppen verankert sind. Im Mittelpunkt steht die Frage, welche konkreten Anforderungen und Bewertungskriterien sich aus der jeweiligen Anwendungssituation ableiten lassen.

Rigor Cycle (wissenschaftliche Wissensbasis)
Im Rigor Cycle bedienen sich Forschende gezielt an existierendem wissenschaftlichem Wissen wie bestehenden Theorien, bewährten Methoden, empirischen Befunden und etablierten Modellen, welche als Grundlage für den Gestaltungsprozess herangezogen werden. Gleichzeitig fließen neue, im Projektverlauf gewonnene Erkenntnisse, wie über Grenzen, Wirkmechanismen oder Verbesserungen des Artefakts, wieder in die Wissensbasis der jeweiligen Disziplin zurück und stehen künftig als Gestaltungswissen zur Verfügung.

Design Cycle (Konstruktions- und Gestaltungszyklus)
Der Design Cycle bildet das Zentrum des Innovationsprozesses. Die hier entwickelten Artefakte werden nicht als Endprodukte begriffen, sondern als Prototypen, die iterativ weiterentwickelt, getestet und überarbeitet werden. Forschende kombinieren die Anforderungen aus dem Relevance Cycle mit den Methoden aus dem Rigor Cycle, um praxistaugliche und theoretisch fundierte Lösungen zu entwickeln. Jede Rückmeldung aus der Praxis und jeder neue theoretische Impuls fließen direkt in die Weiterentwicklung des Artefakts ein.

Die besondere Stärke des Drei-Zyklen-Modells ist, dass Forschung und Gestaltung nicht nebeneinander oder nacheinander, sondern immer in enger Wechselwirkung stattfinden. Anforderungen und Herausforderungen aus der Praxis werden in Forschungsfragen und Artefaktentwicklung übersetzt, während Erkenntnisse aus der Wissensbasis für systematische Fundierung sorgen. Die entwickelten Lösungen werden in der realen Welt angewendet, evaluiert und iterativ angepasst. Sämtliche dabei gewonnenen Erfahrungen, von Erfolgsfaktoren über Limitationen bis hin zu neuen Innovationen, fließen kontinuierlich zurück in die wissenschaftliche Wissensbasis. So entsteht ein Kreislauf von Lernen, Bewerten und Neugestalten, der die gesamte DSR-Arbeit prägt.

Das Entscheidende an diesem Aufbau ist, dass Hevner keinen starren Ablauf vorgibt, sondern ein flexibles Rahmenwerk bietet, das Theorie, Entwurf und Praxistest dynamisch und iterativ miteinander verzahnt. An jedem Punkt des Projekts können und sollen Erkenntnisse und Anforderungen flexibel zwischen den Zyklen ausgetauscht, reflektiert und integriert werden.

Abgrenzung zu Peffers et al. und Österle et al.
Das Drei-Zyklen-Modell nach Hevner unterscheidet sich deutlich vom DSRM-Ansatz nach Peffers et al. und dem stärker praxisfokussierten Modell nach Österle et al. Während Peffers et al. einen schrittweisen, operationalisierten Fahrplan für DSR-Projekte bieten, von Problemidentifikation bis Kommunikation und Diffusion,

bleibt Hevners Modell bewusst ein strategischer Meta-Rahmen, der die Prozess-ebenen von Innovation, Theorie und Anwendung systemisch miteinander verweben möchte. Während Peffers eine praktikable Schritt-für-Schritt-Anleitung liefert, stellt Hevner das ständige Wechselspiel, die Iterativität und die Meta-Perspektive in den Fokus. Demgegenüber hebt das Modell nach Österle et al. die Integration und nachhaltige Wirkung in der Praxis sowie die Bedeutung der gezielten Diffusion und Anwendung gestalteter Lösungen hervor. Hevners Ansatz ist also vor allem für diejenigen wertvoll, die Design Science Research als einen ganzheitlichen, sich entwickelnden Forschungs- und Gestaltungsprozess verstehen und flexibel, theoriegeleitet, aber praxisnah, z. B. im Rahmen eines größeren oder auch langfristigen Forschungsprojektes anwenden möchten.

Anwendungsbeispiele der Design Science Research Methoden

4

Nach den ganzen Grundlagen kann man sich natürlich fragen, wie konkret gestalten sich Projekte in der Praxis, und wie lassen sich typische Problemstellungen methodisch fundiert bearbeiten? Oft hilft ein Blick auf anschauliche Beispiele, um die Vielfalt, aber auch die typische Vorgehensweise im DSR greifbar zu machen.

Das folgende Kapitel gibt Einblick in exemplarische Anwendungsprojekte und zeigt, wie gestaltungsorientierte Forschung dazu beiträgt, innovative Lösungen für reale Herausforderungen zu entwickeln.

Im Mittelpunkt steht immer die Verbindung von Praxisrelevanz und wissenschaftlicher Fundierung: Es werden gezielt Artefakte geschaffen, wie Software, Modelle oder Frameworks, die auf Basis einer klaren Problemstellung systematisch entwickelt, implementiert und evaluiert werden. Dies kann in unterschiedlichsten Domänen und Branchen erfolgen, egal ob Handel, Fertigung oder Dienstleistungssektor.

Zur Illustration sollen zwei ausgewählte Beispiele dienen: Zum einen ein Chatbot und zum andere eine Planungsproblematik in einem Industrieunternehmen.

Im ersten Fall geht es im Detail um die Entwicklung eines KI-basierten Chatbots zur Steigerung der Kundenzufriedenheit im Kundenservice eines mittelständischen Online-Shops. Ausgangspunkt für den Ansatz von DSR ist eine verbreitete Problemlage in der realen Welt. Aktuell erwarten den Kunden des Online-Shops lange Wartezeiten, fehlerhafte oder inkonsistente Antworten und ein unzureichender FAQ-Bereich. Dieses führt zu Unzufriedenheit bei den Kunden sowie erhöhtem Personalaufwand. Mithilfe gestaltungsorientierter Forschung kann hier gezielt ein Chatbot-Prototyp auf KI-Basis entwickelt und integriert werden. Ergänzt wird das Artefakt durch ein Framework zur technischen Integration sowie ein Modell zur fortlaufenden Anpassung der Wissensbasis. So wird praktisch und

© Der/die Autor(en), exklusiv lizenziert an Springer-Verlag GmbH, DE, ein Teil von Springer Nature 2026
K. Linke, *Design Science Research leicht gemacht*, essentials,
https://doi.org/10.1007/978-3-662-73242-7_4

methodisch sauber ein Beitrag geleistet, um Qualität und Effizienz im Kundendialog signifikant zu verbessern.

Das zweite Beispiel adressiert die Herausforderungen eines Produktionsunternehmens im Maschinenbau. In diesem Unternehmen verursachen ungenaue Planung, suboptimale Maschinenauslastung und hohe Rüstzeiten regelmäßig steigende Kosten und Terminprobleme. Gestaltungsorientierte Forschung ermöglicht die Entwicklung eines intelligenten Produktionsplanungstools mit KI-gesteuerter Optimierungslogik. Ergänzend entstehen ein erweitertes Prozessmodell für eine integrative Ressourcenplanung und ein Dashboard zur Echtzeitanalyse der Produktions-Performance. Die entwickelten Artefakte tragen so dazu bei, Auslastung und Effizienz zu steigern sowie die Wettbewerbsfähigkeit nachhaltig zu sichern.

Diese Beispiele sind stellvertretend für die Vielfalt realer DSR-Projekte. Sie verdeutlichen, wie das methodische Vorgehen im DSR von der klaren Problemidentifikation, über die Entwicklung passender Artefakte bis zur praxisnahen Evaluation reicht und wie auf diesem Weg wissenschaftlich fundierte und gleichzeitig praxistaugliche Innovationen entstehen.

Wir werden im Folgenden diese beiden Problemstellungen im Kontext der drei von uns betrachten Methoden analysieren.

4.1   Beispiele am Ansatz nach Peffers et al.

Die nachstehenden Beispiele illustrieren, wie sich typische Problemstellungen mit dem sechsstufigen Modell von Peffers et al. (2006) adressieren lassen. Beide Anwendungsfälle zeigen exemplarisch, wie der DSR-Prozess nach Peffers et al. als Leitfaden für gestaltungsorientierte Forschung eingesetzt werden kann.

4.1.1   Entwicklung eines kundenorientierten Chatbots

In diesem Beispiel wird nach Peffers et al. ein KI-basierter Chatbot zur Optimierung des Kundenservices eines Online-Shops entwickelt. Ausgangspunkt sind lange Wartezeiten, fehlerhafte Antworten und eine unzureichende Servicequalität, die zu Unzufriedenheit bei den Kunden führen. Zielorientiert werden ein Chatbot-Prototyp, ein technisches Integrationsframework und ein Modell zur dynamischen Anpassung der Wissensbasis gestaltet, implementiert und evaluiert, um Effizienz und Kundenzufriedenheit nachhaltig zu steigern.

Schritt 1: Problemidentifikation und Motivation
Zunächst wird das bestehende Problem exakt analysiert und beschrieben: Hohe
Wartezeiten, häufig fehlerhafte bzw. inkonsistente Antworten, Überlastung der
Servicemitarbeitenden und dadurch generierte Kosten. Zusätzlich wird die Rele-
vanz dargestellt: Negative Kundenerlebnisse schaden der Kundenbindung und dem
Image des Online-Shops langfristig. Die Verbesserung des Kundenservices ist ent-
scheidend für Wettbewerbsfähigkeit und Profitabilität.

Schritt 2: Zielsetzung der Lösung (Ziele der Lösung)
Ziel ist die Entwicklung eines KI-Chatbot-Artefaktes, welches automatische, qualitativ hochwertige, konsistente Antworten auf häufige (Standard-)Kundenfragen
liefert. Dabei soll der Chatbot möglichst menschlich und interaktiv auftreten, Be-
arbeitungszeiten minimieren, Servicekosten deutlich reduzieren und eine konsistente Dienstleistungsqualität sicherstellen.

Schritt 3: Artefaktgestaltung und -entwicklung (Design & Entwicklung)
Auf Basis der Literaturrecherche zu möglichen Themen wie Transformer-
Modellen, Machine Learning, Erfahrungsberichten zum Betreiben und Optimieren
von Chatbot-Lösungen, wird ein KI-getriebener Chatbot entwickelt. Das Artefakt
besteht aus den folgenden Kernkomponenten:

- Nutzung eines passenden Transformer-Modells zur automatischen Texterken-
  nung und Absichtserkennung
- Backend-Integration für Einbindung von weiterführenden Produkt- und Kun-
  dendaten aus bestehenden Systemen (z. B. ERP, CRM)
- Bereitstellung eines adaptiven Trainingssystems zur kontinuierlichen, laufen-
  den Verbesserung der Antwortqualität

Schritt 4: Demonstration (Lösungsimplementierung)
In einer initialen Pilotphase wird der Chatbot einer begrenzten Nutzergruppe aus
Kunden in ausgewählten Produktkategorien zur Verfügung gestellt. Ziel ist hier vor
allem die Veranschaulichung der grundsätzlichen Funktionsfähigkeit, Bedienbarkeit und Akzeptanz der Lösung. Hierbei erfolgt auch eine Erstvalidierung im kleineren Kreis.

Schritt 5: Evaluation (Validierung)
Die Evaluation überprüft systematisch die Erfüllung der vorher definierten Ziele
mittels Kennzahlen, z. B.:

- Kundenzufriedenheitswerte (mittels Kundenfeedback und standardisierter Befragung)
- Antwortzeiten vor/nach Chatbot-Einsatz (quantitativ)
- Fehler- bzw. Rückfrageraten im Service
- Einsparungen in Personalkosten durch die Chatbot-Nutzung

Diese Daten werden ergänzend durch qualitative Feedback-Interviews mit Kunden und Servicemitarbeitenden ergänzt.

Schritt 6: Kommunikation (Diffusion)
Abschließend werden Ergebnisse strukturiert dokumentiert, kommuniziert und als Generalisierung aufbereitet. Beiträge in diesem Bereich können, neben der Kommunikation als Bachelor- oder Masterarbeit Lessons Learned bezüglich erfolgreicher Implementierung und Betrieb von KI-Chatbots auf Konferenz oder im Rahmen von weiterführenden Veröffentlichungen sein. Sowie Diffusion zu den Erkenntnissen zu geeigneten Anwendungsfällen sowie Grenzen der aktuellen Chatbot-Technologie.

4.1.2 Intelligentes Produktionsplanungstool

Dieses Anwendungsbeispiel zeigt die Entwicklung eines KI-gestützten Produktionsplanungstools, das auf regelmäßige Auslastungsprobleme und hohe Rüstzeiten im Maschinenbau reagiert. Durch den systematischen Einsatz der DSRM entstehen neben dem Planungstool auch ein erweitertes Prozessmodell für die integrative Ressourcenplanung sowie ein Dashboard zur Echtzeitanalyse der Produktionsdaten. Ziel ist eine messbare Steigerung von Effizienz, Terminsicherheit und Wettbewerbsfähigkeit des Unternehmens.

Schritt 1: Problemidentifikation und Motivation
Das untersuchte Problem wird wie folgt klar definiert:

- Ineffiziente Maschinenauslastung
- Lange Rüstzeiten und Terminverschiebungen wirken sich negativ auf Kundenzufriedenheit, Produktionskosten sowie Wirtschaftlichkeit aus.

Die Motivation der Problemlösung ergibt sich aus wirtschaftlicher Notwendigkeit (Kostenersparnis, höhere Produktivität, Verbesserung von Lieferzeiten und mehr Wettbewerbsfähigkeit).

Schritt 2: Zielsetzung der Lösung (Ziele der Lösung)
Die Zielsetzung fokussiert sich auf die Entwicklung eines neuen Artefaktes (softwarebasiertes Produktionsplanungstool), welches durch Machine Learning die Produktionsplanung verbessert. Zielgrößen sind insbesondere erhöhte Maschinenauslastung, reduzierte Rüstzeiten und bessere Einhaltung von vereinbarten Lieferterminen.

Schritt 3: Artefaktgestaltung und -entwicklung (Design & Entwicklung)
Das Artefakt umfasst z. B. eine oder mehrere der folgenden Ausprägungen:

- ML-Algorithmus für effiziente Planungsentscheidungen.
- Benutzeroberfläche (Dashboard), welchem Planungs- und Produktionsprozesse in Echtzeit darstellt
- Schnittstellen zur bestehenden Infrastruktur (ERP- und MES-Systeme).

Schritt 4: Demonstration (Lösungsimplementierung)
Das entwickelte Artefakt wird mittels eines initialen Piloten demonstriert. Ziel ist zu zeigen, wie die Produktionsplanung und -steuerung im realen betrieblichen Umfeld vereinfacht und optimiert wird.

Schritt 5: Evaluation (Validierung)
Die Evaluation analysiert, inwiefern zuvor definierte KPIs und Ziele erreicht werden konnten:

- Messung der durch das Tool erzielten Rüstzeitverkürzung quantitativ (vorher/ nachher Messung)
- Aufnahme von Kennzahlen zur Maschinenauslastung und Durchlaufzeiten
- Qualitatives Feedback von Produktionsverantwortlichen zur Praxisrelevanz und Nutzbarkeit

Schritt 6: Kommunikation (Diffusion)
Abschließende Dokumentation und Kommunikation der erzielten Ergebnisse im Unternehmen sowie an weitere potenzielle Unternehmenspartner und Forschungseinrichtungen. Veröffentlichung neuer Erkenntnisse, wie etwa Anforderungen an KI-Einsatz in realistischen Produktionsumgebungen.

4.2   Beispiele am Ansatz nach Österle et al.

Die nachstehenden Beispiele illustrieren, wie sich typische Problemstellungen mit dem stärker praxisorientierten Modell von Österle et al. (2010a, 2010b) adressieren lassen. Beide Anwendungsfälle zeigen exemplarisch, wie der DSR-Prozess nach Österle et al. als Leitfaden für gestaltungsorientierte Forschung eingesetzt werden kann.

4.2.1   Entwicklung eines kundenorientierten Chatbots

Dieses Beispiel zeigt, wie über die vier Phasen des Ansatzes von Österle et al. eine praxisnahe Lösung für typische Herausforderungen im Kundenservice umgesetzt werden kann. Ausgangspunkt ist eine umfassende Analyse, in der Serviceprobleme, Kundenzufriedenheit und alternative Handlungsoptionen bewertet werden. Darauf folgt die kreative und theoriegestützte Entwurfsphase eines KI-basierten Chatbots. In mehreren Evaluationszyklen wird der Chatbot im Pilotbetrieb getestet und iterativ weiterentwickelt. Nach erfolgreicher Erprobung erfolgt die Diffusion der Lösung in die betriebliche Praxis sowie eine strukturierte Weitergabe von Gestaltungswissen, sowohl im Unternehmen als auch nach außen.

Phase 1: Analyse
In einer umfassenden Analyse wird der Anwendungskontext, das Problem (Servicequalität, Kundenunzufriedenheit, Kostenineffizienz) und mögliche Alternativen (Personalausbau, statische FAQ-Lösungen, manuelle Prozesse) gegenübergestellt. Anschließend werden fundierte Zielvorstellungen sowie eine klare Anforderungsbasis erstellt.

Phase 2: Entwurf (Designphase)
Es erfolgt daraufhin der grundsätzliche Entwurf des Chatbots inklusive Systemarchitektur, Interaktionsdesign und Auswahl zugrunde liegender Technologien. Der Entwurf erfolgt sowohl kreativ als auch theoriegeleitet unter Einbindung von Praxispartnern.

Phase 3: Evaluation
Das entwickelte Artefakt wird mehrfach (formativ und summativ) evaluiert hinsichtlich Nutzerakzeptanz, Antwortqualität und Effizienz. Dies geschieht zunächst

in Pilot-Einsätzen, später ggf. mit einem Roll-out bei einer größeren Nutzergruppe. Ergebnisse der Evaluation münden iterativ in Verbesserungen des Artefakts.

Phase 4: Diffusion (Verbreitung und Praxisintegration)
Das Artefakt (Chatbot-Lösung) wird schließlich eingeführt und im operativen Betrieb genutzt. Eine strukturierte Wissensdiffusion erfolgt durch Dokumentation, sowie interne und externe Publikationen und Schulungen für interne Stakeholder sowie mögliche unternehmensübergreifende Präsentationen; das Ziel ist eine möglichst breite Anwendung des generierten Lösungs- und Gestaltungswissens.

4.2.2 Intelligentes Produktionsplanungstool

Auch im zweiten Beispiel steht die methodische Vier-Phasen-Logik von Österle et al. im Mittelpunkt; ausgehend von einer detaillierten Analyse bestehender Prozesse und Anforderungen wird ein KI-gestütztes Produktionsplanungstool entworfen, das Schnittstellen, Algorithmen und Benutzeroberfläche systematisch vereint. Im Rahmen iterativer Evaluationen, einschließlich praktischer Praxistests und Kennzahlenmessungen, erfolgt eine kontinuierliche Verbesserung. Abschließend wird das Tool unternehmensweit eingeführt und die erzielten Erfahrungen sowie Best Practices in internen und externen Publikationsformaten weiterverbreitet.

Phase 1: Analyse
Zunächst erfolgt eine detaillierte Analysephase, in welcher das Ausgangsproblem präzise beschrieben wird. Hierbei werden bestehende Prozessschritte (z. B. aktuelle Produktionsplanung, bisherige Software-Tools und existierende Planungsmethoden) systematisch analysiert. Weiterhin erfolgt die Definition notwendiger Anforderungen und erhobener Kennzahlen (z. B. optimale Planung, minimale Rüstzeiten, erhöhte Gesamtauslastung der Produktionsmaschinen).

Phase 2: Entwurf (Designphase)
Danach erfolgt ein fundierter Entwurf des neuen Systems, insbesondere einschließlich des Algorithmus zur KI-gestützten Produktionsplanung, der Schnittstellen zu bestehenden Produktionssoftware-Systemen und der Entwicklung einer grafischen Benutzeroberfläche zur Realzeitüberwachung und Planung. Der Gestaltungsprozess erfolgt unter Einbezug bestehender planerischer und technischer Konzepte sowie dem Feedback relevanter Fachpersonen (Produktionsleitung, Planer*innen, Maschinenbediener).

Phase 3: Evaluation

Durch mehrere Evaluationsschleifen (iterativ-formativ) wird das Artefakt überprüft und optimiert. Mögliche Methoden: fallbasierte Evaluation vor Ort, Erhebung objektiver Kennzahlen wie Rüstzeiten, Maschinenauslastung und Durchlaufzeiten, User Experience Tests zur Bedienbarkeit, qualitative Bewertungen der Beteiligten. In der abschließenden summativen Evaluation wird dann gesamtheitlich bestätigt, ob das Ziel einer deutlichen Reduzierung von Rüstzeiten erreicht und eine messbare Produktivitätssteigerung erzielt wurde.

Phase 4: Diffusion (Verbreitung und Praxisintegration)

Im letzten Schritt erfolgt die aktive Diffusion des Artefakts in die Praxis: Das entwickelte Planungsinstrument wird offiziell ausgerollt und im Unternehmen dauerhaft eingesetzt. Ergebnisse, Erkenntnisse und Best Practices zu KI-basierter Produktionsplanung und Toolintegration werden publikationsfähig aufbereitet und für Wissenskommunikation intern (Schulungen, Leitfäden, Kommunikationsveranstaltungen) und extern (wissenschaftliche Publikationen, Konferenzen, Fachmessen, Expertenforen) genutzt.

4.3 Beispiele am Ansatz nach Hevner et al.

Die nachstehenden Beispiele illustrieren, wie sich typische Problemstellungen mit dem Drei-Zyklen-Modell nach Hevner et al. (2004) adressieren lassen. Beide Anwendungsfälle zeigen exemplarisch, wie das Drei-Zyklen-Modell als Meta-Rahmen für gestaltungsorientierte Forschung eingesetzt werden kann.

4.3.1 Entwicklung eines kundenorientierten Chatbots

Dieses Beispiel zeigt anschaulich, wie das Drei-Zyklen-Modell Praxisanforderungen, wissenschaftliche Fundierung und iterative Gestaltung intelligent miteinander verknüpft. Die Ausgangsproblematik – eine unzureichende Servicequalität im Online-Shop – wird im Relevance Cycle direkt aus dem realen Kundenservice-Alltag abgeleitet. Im Rigor Cycle werden aktuelle Theorien, Methoden und Technologien (etwa zu KI, Chatbots, Natural Language Processing und Serviceprozessen) herangezogen und methodisch fundiert für die Entwicklung genutzt. Die eigentliche Gestaltung und schrittweise Erprobung des Chatbots, einschließlich eines Anpassungsmodells für die Wissensbasis, erfolgt im Design Cycle, wobei der Prototyp wiederholt, getestet, evaluiert und verbessert wird. Die

Rückkopplung zwischen allen drei Zyklen sorgt dafür, dass das Artefakt am Ende genauso praxistauglich, innovativ und wissenschaftlich fundiert ist, wie es den Zielen des Unternehmens entspricht.

Relevance Cycle (Umwelt- bzw. Praxis-Zyklus)
Im Anwendungskontext des Online-Shops werden zentrale Problemstellungen wie lange Antwortzeiten, hohe Fehlerquoten und Herausforderungen bei der Servicequalität konkret identifiziert. Gemeinsam mit relevanten Stakeholdern (Kundenservice, Kunden, Prozessverantwortlichen) werden Anforderungen und Bewertungskriterien systematisch erarbeitet.

Rigor Cycle (wissenschaftliche Wissensbasis)
Aus der wissenschaftlichen Wissensbasis werden aktuelle Erkenntnisse und Theorien, etwa aus der Forschung zu NLP, Chatbot-Frameworks und User Experience, in das Design des Chatbots integriert. Gleichzeitig fließen im Verlauf der Entwicklung gewonnene Erfahrungen und Erkenntnisse (wie zum Beispiel über die Nutzerinteraktion oder über Verbesserungen des Antwortverhaltens) wieder zurück in den Forschungsstand.

Design Cycle (Konstruktions- und Gestaltungszyklus)
Die iterative Entwicklung steht im Mittelpunkt: Der Chatbot wird als Prototyp sukzessive realisiert, in der Praxis pilotiert, systematisch evaluiert und, basierend auf Rückmeldungen aus Praxis und Theorie, fortlaufend optimiert.

4.3.2 Intelligentes Produktionsplanungstool

Auch beim Produktionsplanungstool wird das Drei-Zyklen-Modell konsistent angewendet und stellt die enge Verbindung von Praxisbedarf, wissenschaftlicher Fundierung und kreativer Gestaltung sicher. Der Relevance Cycle beginnt damit, das Problem der zu langen Rüstzeiten und der ineffizienten Auslastung unmittelbar aus dem Produktionsalltag des Maschinenbaus zu erfassen. Im Rigor Cycle werden bestmögliche, aus der Wissenschaft etablierte Methoden der Produktionsplanung und Optimierung (etwa KI-Modelle, Operations Research, Prozessmanagement) integriert und für das spezifische Setting angepasst. Der Design Cycle beschreibt schließlich die fortlaufende Entwicklung des Planungstools, von der ersten Konzeption über Prototypenphasen bis zur praktischen Erprobung und wiederholten Verbesserung, unterstützt durch formative und summative Evaluationen.

Relevance Cycle (Umwelt- bzw. Praxis-Zyklus)

Im betrieblichen Alltag werden die Kernprobleme, wie geringe Maschinenauslastung, hohe Rüstzeiten, mangelnde Planungsqualität, klar identifiziert. Gemeinsam mit Produktionsverantwortlichen werden Bedürfnisse und Erfolgskriterien für das Tool festgelegt.

Rigor Cycle (wissenschaftliche Wissensbasis)

Hier werden theoretische Ansätze und Methoden aus Produktionsmanagement, KI-basierter Optimierung sowie Planungstheorie zusammengetragen und als Grundlage für die Lösungsentwicklung genutzt.

Während der Entwicklung werden neue, im praktischen Einsatz gewonnene Erkenntnisse zu Usability, Optimierungsgrenzen oder Prozessintegration wieder zurück in die wissenschaftliche Community gespiegelt.

Design Cycle (Konstruktions- und Gestaltungszyklus)

Das Produktionsplanungstool wird in mehreren iterativen Schritten entwickelt und getestet. Wir beginnen im Labor und entwickeln uns weiter in die Praxis und entwickeln und testen später direkt am Shopfloor.

Rückmeldungen von Nutzern, Experten und Evaluationsergebnissen werden systematisch genutzt, um das Tool schrittweise weiterzuentwickeln, bis alle definierten Anforderungen und Praxisziele erreicht sind.

4.4 Reflexion der Praxisbeispiele im Kontext von Abschlussarbeiten

Der direkte Vergleich der Anwendungsbeispiele des Chatbots und des Produktionsplanungstools macht deutlich, wie viel Flexibilität und auch Passgenauigkeit die Design Science Research Methoden für die praktische Forschung bieten. Etwas, was wichtig ist, wenn man als Studierender vor einer Abschlussarbeit steht und ein eigenes Projekt in Angriff nimmt.

Das sechsstufige DSRM nach Peffers et al. (2006) zeichnet sich durch einen klar strukturierten, nachvollziehbaren Fahrplan aus. Für Bachelorarbeiten ist dies besonders hilfreich, weil es eine gut dokumentierbare, verständliche Schritt-für-Schritt-Anleitung bietet – von der Identifikation des Problems bis zur Kommunikation der Ergebnisse. Für Masterarbeiten ist dieses Modell sehr geeignet und bietet durch den explizit zulässigen Quereinstieg in den Prozess ein hohes Maß an Flexibilität, wenn Teile von Forschungsaufgaben im Rahmen von Abschlussarbeiten realisiert werden sollen. Gerade wenn schon Vorarbeiten bestehen oder die Zeit begrenzt ist, kann dies den eigenen Forschungsprozess stark beschleunigen, ohne an wissenschaftlicher Tiefe zu verlieren. Egal ob Studierende im Bereich Bachelor oder Master, beide profitieren davon, dass das Modell an jeder Stelle die Möglichkeit zu fundierter Reflexion und Vertiefung bietet.

Das Modell nach Österle et al. (2010) ist ebenso für Bachelor- wie für Masterarbeiten geeignet, setzt aber einen noch stärkeren Fokus auf Praxisrelevanz und Diffusion. Seine Vier-Phasen-Struktur (Analyse, Entwurf, Evaluation, Diffusion) adressiert besonders anwendungsnahe Projekte und ist schlank genug, um auch in kürzeren Bearbeitungszeiträumen belastbar eingesetzt werden zu können. Wer Wert darauf legt, ein direkt in die Unternehmenspraxis übertragbares Ergebnis zu erzielen, etwa durch schlanke Prototypenentwicklungen oder erste Feldtests, für den ist dieses Modell ideal. Auch iterative Verbesserungsschleifen lassen sich damit sehr pragmatisch abbilden, und der Transfer des Wissens in Organisationen, Communities oder weitere Projekte ist von Anfang an integralem Bestandteil des Modells.

Für Studierende, die sich erstmals mit gestaltungsorientierter Forschung auseinandersetzen, empfiehlt sich daher ein Einstieg über die klaren Prozessmodelle.

Wer darüber hinaus ein größeres, forschungsintensives oder sogar interdisziplinäres Projekt plant, kann mit dem Drei-Zyklen-Modell eine noch anspruchsvollere, auf Nachhaltigkeit und ständiges Lernen ausgerichtete Perspektive, wählen. Dieser Ansatz ist insbesondere dann interessant, wenn Themen über längere Zeiträume oder im Rahmen mehrerer Untersuchungs- und Entwicklungszyklen umgesetzt werden sollen, und wenn es darum geht, zwischen Theorie und Anwendung einen systemischen, flexiblen Austausch herzustellen.

Die Anwendungsbeispiele im Chatbot-Setting und in der Produktionsplanung zeigen, dass gleiche Themen mit verschiedenen Methodenrahmen bearbeitet werden können. Das Entscheidende ist, ein echtes Praxisproblem zu identifizieren, auf Basis wissenschaftlicher Erkenntnisse und methodischer Sorgfalt ein passendes Artefakt zu gestalten und dieses im realen Anwendungskontext zu evaluieren und zu verbessern. So entstehen Innovationen, die sowohl im Alltag wirken als auch nach wissenschaftlichen Maßstäben Bestand haben. Prüft daher bei jeder Abschlussarbeit oder Forschungsprojekt, welches DSR-Modell am besten zu euren Zielsetzungen, zum Umfang des Projekts und zu den konkreten Forschungsfragen passt.

Fazit 5

Wir sind nun am Ende unserer kleinen Reise durch die Welt des DSR und der verschiedenen und empfehlenswerten DSRM angekommen und sehen, dass sich die verschiedenen Ansätze passend auf Praxisprobleme transferieren und anwenden lassen. Ich hoffe, du hattest auch einige Erkenntnisgewinne beim lesen für deine nächsten wissenschaftlichen Arbeiten.

Wir können aus unserem Diskurs in diesem Essential erkennen, dass Design Science Research sich mittlerweile zu einem essenziellen Handwerkszeug für alle entwickelt hat, die die Lücke zwischen wissenschaftlicher Fundierung und praktischem Nutzen wirklich schließen möchten. Anhand der hier vorgestellten Modelle, von der operativen Schritt-für-Schritt-Logik nach Peffers et al. über das komprimierte, praxisfokussierte Vorgehen bei Österle et al. bis hin zum strategisch-tiefen Drei-Zyklen-Modell von Hevner et al., wurde deutlich, wie facettenreich, aber auch klar strukturiert gestaltungsorientierte Forschung heute sein kann und dass wir damit praxisorientierte Forschung zielsicher realisieren können.

Die Beispiele dieses Buches zeigen uns, dass DSR immer dort besonderen Mehrwert liefert, wo kreative Lösungen systematisch entwickelt, kritisch evaluiert und in die reale Welt überführt werden. Als Leitfaden bietet ihnen dieses Buch eine pragmatische, aber wissenschaftlich solide Orientierung: von den Grundlagen und Begriffsbestimmungen über methodische Detailfragen der Artefaktgestaltung und Evaluation bis zu den Herausforderungen bei Transfer und Diffusion.

Neben dem Verständnis für die Modelle steht am Ende vor allem eines im Vordergrund: Der Mut, nicht nur Bestehendes zu erklären, sondern neues Gestaltungswissen zu schaffen und auf Augenhöhe zwischen Wissenschaft und Praxis zu vermitteln. Ich möchte Sie daher ermutigen, das Gelernte auf die eigenen Fragestellungen in Ihren Forschungsarbeiten anzuwenden. Design Science Research lebt

© Der/die Autor(en), exklusiv lizenziert an Springer-Verlag GmbH, DE, ein Teil von Springer Nature 2026
K. Linke, *Design Science Research leicht gemacht*, essentials,
https://doi.org/10.1007/978-3-662-73242-7_5

davon, dass Wissen und Anwendung gemeinsam wachsen. Vielleicht entdecken Sie dabei nicht nur Lösungen für konkrete Probleme, sondern werden Teil einer lebendigen Community, die Wissenschaft und Praxis gleichermaßen weiterentwickelt.

Ich wünsche Ihnen dazu Neugier, Durchhaltevermögen sowie und die Freude am Forschen und Gestalten in eigener Sache.

Was Sie aus diesem *essential* mitnehmen können

- Design Science Research verbindet Praxis und Wissenschaft, indem reale Fragestellungen systematisch gelöst und die gefundenen Ergebnisse wissenschaftlich reflektiert werden.
- Durch die Vielfalt der DSR-Modelle, etwa nach Peffers, Österle und Hevner, finden Sie für jede Abschlussarbeit und jedes Projekt einen passenden methodischen Fahrplan, abgestimmt auf Ihre Ziele und Rahmenbedingungen.
- DSR-Methoden bieten die Flexibilität, an unterschiedlichen Punkten in den Forschungsprozess einzusteigen und je nach Projekttyp (Bachelorarbeit, Masterarbeit, Praxis- oder Forschungsprojekt) individuell vorzugehen.
- Der Weg von der Problemfindung bis zur Entwicklung und Evaluation eines Artefakts lässt sich mit DSR strukturiert, kreativ und überprüfbar ausgestalten und dieses unabhängig davon, ob technische Prototypen oder organisatorische Modelle das Ziel sind.
- Mit der Anwendung von DSR erwerben Sie wissenschaftliche Methodenkompetenz und schaffen innovative Lösungen, die sowohl im Studium als auch im späteren Berufsleben überzeugen.

Literatur

Archer, L. B. (1984). Systematic method for designers. In N. Cross (Hrsg.), *Developments in design methodology* (S. 57–82). John Wiley.

Benner-Wickner, M., Kneuper, R., & Schlömer, I. (2020). Leitfaden für die Nutzung von Design science research in Abschlussarbeiten (IUBH discussion papers – IT & engineering, no. In 2/2020. Hochschule.

Eekels, J., & Roozenburg, N. F. M. (1991). A methodological comparison of the structures of scientific research and engineering design: Their similarities and differences. *Design Studies, 12*(4), 197–203.

Hevner, A. R. (2007). A three cycle view of design science research. *Scandinavian Journal of Information Systems, 19*(2), Article 4. https://aisel.aisnet.org/sjis/vol19/iss2/4

Hevner, A. R., March, S. T., Park, J., & Ram, S. (2004). Design science in information systems research. *MIS Quarterly, 28*(1), 75–105. https://doi.org/10.2307/25148625

Lindner, D. (2020). *Forschungsdesigns der Wirtschaftsinformatik*. Springer Gabler. https://doi.org/10.1007/978-3-658-31140-7

Mayring, P. (2015). *Qualitative Inhaltsanalyse: Grundlagen und Techniken* (12., vollständig überarbeitete und aktualisierte Aufl.)

Nunamaker, J. F., Chen, M., & Purdin, T. D. M. (1991). Systems development in information systems research. *Journal of Management Information Systems, 7*(3), 89–106.

Österle, H., Becker, J., Frank, U., Hess, T., Karagiannis, D., Krcmar, H., Loos, P., Mertens, P., Oberweis, A., & Sinz, E. J. (2010a). Memorandum zur gestaltungsorientierten Wirtschaftsinformatik. *Schmalenbachs Zeitschrift für betriebswirtschaftliche Forschung, 62*(5), 664–672. https://doi.org/10.1007/BF03372838

Österle, H., Becker, J., Frank, U., Hess, T., Karagiannis, D., Krcmar, H., Loos, P., Mertens, P., Oberweis, A., & Sinz, E. J. (2010b). Memorandum on design-oriented information systems research. *European Journal of Information Systems, 20*(1), 1–4. https://doi.org/10.1057/ejis.2010.55

Peffers, K., Ken, P., Tuunanen, T., Gengler, C. E., Rossi, M., Hui, W., Virtanen, V., & Bragge, J. (2006). The design science research process: A model for producing and presenting information systems research. In *In proceedings of the 1st international conference on design science research in information systems and technology (DESRIST 2006)* (S. 83–106).

Rossi, M., & Sein, M. K. (2003). Design research workshop: A proactive research approach. In *In proceedings of the 26th information systems research seminar in Scandinavia (IRIS 26)*. Finland.

Takeda, H., Veerkamp, P., Tomiyama, T., & Yoshikawa, H. (1990). Modeling design processes. *AI Magazine, 11*(4), 37–48.

Walls, J. G., Widmeyer, G. R., & El Sawy, O. A. (1992). Building an information system design theory for vigilant EIS. *Information Systems Research, 3*(1), 36–59. https://doi.org/10.1287/isre.3.1.36

Weber, I. (2022). Design science research als wissenschaftliche Herangehensweise für Abschlussarbeiten mit Gestaltungsauftrag in anwendungsorientierten Studiengängen. In *AKWI-Tagungsband zur 35. AKWI-Jahrestagung* (S. 101–116). https://doi.org/10.30844/AKWI_2022_07